O Hedonista Virtuoso

Coleção Debates
Dirigida por J. Guinsburg

Equipe de Realização – Tradução: Norberto Papini e Newton Cunha; Edição de Texto: Raquel Siqueira; Revisão: Lilian Miyoko Kumai; Produção: Ricardo W. Neves, Sergio Kon e Luiz Henrique Soares.

giovanni cutolo

O HEDONISTA VIRTUOSO

CRIATIVIDADE MERCANTIL E PROJETO DE CONSUMO

PERSPECTIVA

Título do original italiano:
L'Edonista Virtuoso: Creatività mercantile e Progetto di consumo

CIP-Brasil. Catalogação-na-Fonte
Sindicato Nacional dos Editores de Livros, RJ

C993h

Cutolo, Giovanni, 1939-
O hedonista virtuoso: criatividade mercantil e projeto de consumo / Giovanni Cutolo. - São Paulo : Perspectiva, 2012.
(Debates ; 320)

Tradução de: L'edonista virtuoso
ISBN 978-85-273-0948-6

1. Designers de interiores. 2. Arte comercial. II. Série.

12-1684. CDD: 745.4
CDU: 745

19.03.12 27.03.12 034015

1ª edição

EDITORA PERSPECTIVA LTDA.

Alameda Santos, 1909, cj. 22
01419-100 São Paulo SP Brasil
Tel.: (11) 3885-8388
www.editoraperspectiva.com.br

2023

SUMÁRIO

DO BRASIL AO DESIGN: IDA E VOLTA

Prefácio à Edição Brasileira

Estudei marketing, redigi e pus em prática projetos de marketing por décadas. De marketing continuei a ocupar-me, mesmo depois de ter sido ofuscado pelo design, como Saulo na estrada de Damasco, no caminho de volta à Itália, após uma longa e irrepetível experiência de trabalho e de vida no Brasil. A centelha que me provocou o ofuscamento foi, entre 1967 e 1968, o trabalho de tradução para o português de *Obra Aberta*, de Umberto Eco, cujo último ensaio intitulado "El modo di formare come impegno sulla realtà" (O Modo de Formar como Compromisso com a Realidade), desenvolve uma reflexão sobre a alienação e os vínculos que ela determina e mantém com a literatura, a poesia, a música, a linguagem e a sociedade. E falando da relação entre objeto e fruidor, Eco entende a alienação imanente e inelidível no fato de que numa civilização tecnológica, a supremacia e a complexidade do objeto – as suas capacidades de iniciativa autônoma até mesmo perante o homem operador – ampliaram-se de tal forma que tornam evidente uma condição endêmica, que tornam perigoso o que antes era só perturbador; e mesmo porque os objetos, sempre tomando formas menos antropomórficas, nos ajudam a percebê-los como estranhos. Mas, evidentemente há mais; para o primitivo que maneja a amígdala, o objeto se coloca numa relação imediata, na qual o risco de integração está entre o manejador e o manejado. Com um automóvel estabelece-se uma relação mais complexa: o automóvel não me aliena somente em si mesmo, mas em todo um conjunto de normas de circulação, numa inevitável competição de prestígio (a vontade de possuir o novo modelo, o acessório, o maior rendimento etc.), aliena-me num mercado, aliena-me num mundo de concorrência onde devo perder-me para tornar-me capaz de adquirir o automóvel. É evidente, portanto, que, se a alienação é uma possibilidade recorrente da existência humana em todos os seus níveis, ela adquiriu uma importância e uma configuração toda especial na moderna sociedade industrial, conforme havia entrevisto Marx, ao nível das relações econômicas[1].

De maneira quase profética, no ano de 1963, Eco sugere a hipótese de que os efeitos negativos dessa alienação estrutural e ineliminável poderiam, no entanto, ser atenuadas e melhor toleradas graças ao design. Escreve Eco:

O *industrial design* parece resolver o problema: une a beleza à utilidade e nos devolve uma máquina humanizada, na medida do homem. Um liquidificador, uma faca, uma máquina de escrever que exprimem suas possibilidades de uso através de uma série de relações agradáveis, que convidam a mão a tocá-los, acariciá-los e usá-los: eis uma solução. O homem integra-se harmoniosamente em sua função e no instrumento que a possibilita[2].

Por meio de misteriosas e incontroláveis associações mentais, no labirinto ziguezagueante das sempre novas e ousadas abordagens propostas por Eco, pus-me a refletir sobre o estranho comportamento daqueles que, comprando

1. *Obra Aberta*, 9. ed., São Paulo: Perspectiva, 2003, p. 245-246.
2. Idem, p. 235-236.

uma capa de chuva, não se preocupam tanto com sua efetiva impermeabilidade, e sim como aparecem quando vestidos. Assim como, da mesma maneira, é surpreendente ver-se que quem compra uma lâmpada está mais preocupado em combiná-la com o ambiente para o qual se destina do que com a qualidade e a quantidade de sua luz, vale dizer, com sua funcionalidade. Permaneci obviamente fascinado por essa descoberta que subvertia a ordem constituída durante minha formação universitária – econômica e de molde marxista – e minha primeira experiência profissional vivida, por pouco mais de uma década, no interior de um setor: o de produtos farmacêuticos. Nele, um produto não precisa ser esteticamente atraente, apenas funcionalmente correto, dado que seu valor se mede exclusivamente por sua eficácia terapêutica.

Convertido ao design e, sobretudo, fascinado pela explosiva capacidade de sedução do belo, deixei pílulas, frascos e supositórios, em 1971, e comecei a ocupar-me da distribuição de produtos mobiliários no interior de uma empresa protagonista dos primeiros anos do design italiano. Falo da distribuição, não da venda, pois me parecia claro, desde o início, que o mercado escasso de produtos de design fosse regulado e francamente condicionado muito mais por fatores de ordem sociocultural do que pelos de ordem socioeconômica. Mesmo porque na época, como hoje, aliás, os limites induzidos do gosto mostravam, quase sempre, ter predomínio sobre aqueles da renda.

Essa consideração fundamental parecia-me tornar evidente a inutilidade de uma venda indiscriminada, mesmo para negociantes cuja clientela, embora possuidora de meios econômicos para comprar, não dispunha, entretanto, dos meios culturais, precisamente de gosto, necessários para que fosse induzida a preferir e escolher produtos de design, abandonando assim as propostas tranquilizadoras da produção tradicional. Infelizmente, a evidência dessa diferença entre venda e distribuição não era clara, e continua ainda a não ser para a maior parte dos produtores, aqueles que, apesar disso, haviam inteligentemente intuído a enorme potencialidade comercial do design. Infelizmente, faltou da parte dos produtores, e ainda falta, a capacidade e talvez mesmo a vontade política de projetar, além dos produtos, um novo modo de comunicar e de vendê-los. Coisa que teria apenas exigido uma intervenção ulterior criativa, voltada para o mercado; uma reflexão em condições de interpretar e acompanhar a evolução da sociologia do consumo, vinculada a uma profunda transformação da cultura material.

Teria sido suficiente, talvez, dotar o mercado nascente do design de um novo e original "projeto distributivo"; um projeto que deveria e poderia trazer a inovação mesmo para a rede das relações comerciais, de modo a criar as condições de um sistema de comunicação e marketing diverso daquele vigente, e que andava fixando as suas regras sobre a base experimental do mercado dos detergentes, dos cosméticos, das fraldas e de tantos outros bens de consumo.

Infelizmente, talvez o mercado ainda hoje sofra com a perdida realização desse projeto distributivo *ad hoc*, com graves danos para o sistema inteiro do design; um sistema no qual convivem consumidores, distribuidores, produtores e projetistas. Hoje, na ausência de regras claras e compartilhadas, a anarquia é total. Na ausência de códigos deontológicos entre produtores e, sobretudo, entre negociantes, transfere-se a maior parte dos problemas para os consumidores, já atormentados pela ignorância estrutural a que os condena o fato de que os utensílios mobiliários são comprados três vezes no transcorrer da vida, enquanto os itens de vestuário, mil, e os de alimentação, dez mil vezes.

Naquele paraíso terrestre do design que, visto de fora, parece ser a Itália, ainda no início dos anos de 1970 a cota de mercado do design de mobiliário era absolutamente marginal, da ordem de poucos pontos percentuais sobre o valor total de consumo. Hoje, após quarenta anos, as estimativas mais críveis atribuem ao design de interior – todo, o original e inovador, o inspirado nos modelos dos mestres e aquele exageradamente imitativo – não mais do que 20%, vale dizer, apenas um quinto do mercado nacional de consumo. Esse valor estimado pode chegar a 25%, 30% para o mercado de lâmpadas e de aparelhos de iluminação, mas provavelmente não chega a 15% para os móveis e outras decorações. E estamos falando do setor mercadológico em que o design conheceu o seu maior sucessor.

Isso equivale a dizer que somente um italiano em quatro vive em uma casa equipada modernamente com móveis contemporâneos, aqueles que escolheu e que usa, enquanto três italianos em quatro, desde que não renunciem ao uso do telefone celular para anunciar sua volta para casa do trabalho, ao automóvel para se locomover, ao elevador para subir, à energia elétrica, nem a nenhuma conquista da modernidade, vivem anacronicamente circundados de móveis que, de maneira mais ou menos fiel, reproduzem os estilos mobiliários em voga em séculos já passados, de outros países diferentes do nosso. Estilos mobiliários que, no entanto, a maioria dos italianos ainda utiliza, obstinada e surpreendentemente. Quiçá isso aconteça pelo fato de nós, italianos, termos gozado do privilégio de ser colonizados de vários modos e por longo tempo por diferentes padrões que, durante séculos, nos hão primeiramente vencido militarmente, depois economicamente, e que arriscam prolongar a nossa submissão até hoje, graças à obtusa e incompreensível conservação dessa vassalagem cultural. Aquela que, justamente, induz três em quatro dos nossos concidadãos a comprarem cópias malfeitas de móveis em estilo Luis XIV e meio ou Luis XV e três quartos, feitas em Veneza ou em Brianza, ontem ou anteontem.

Devo confessar que não cessa de me surpreender o fato de que, passados quase 150 anos da unidade italiana, três em quatro italianos ainda prefiram viver circundados já não de objetos e móveis criados e produzidos por seus contemporâneos, e sim da cópia de móveis em estilo francês, inglês, austríaco ou espanhol, às vezes fielmente reproduzidos, mas com mais frequência estilisticamente falsificados e mal feitos.

No que respeita às responsabilidades, creio que seja grande, antes de tudo, a do marketing, por ter aceitado o papel reduzido de *folha de parreira** que as indústrias produtivas quase sempre lhe impuseram. Os homens de marketing, os da própria empresa ou seus consultores, exceto em casos insignificantes, não têm brilhado pela originalidade, quase não conseguindo mais compreender as características próprias do mercado do design, terminando por utilizar os valores estéticos para encobrir a falta total dos éticos e dos de verdade. Grande, finalmente, a responsabilidade das indústrias produtivas, culposamente levadas por uma cobiça suicida de incremento de vendas que lhes induziram a eludir a sua responsabilidade nos confrontos do mercado e seus equilíbrios.

Para dar uma ideia da desordem que reinava entre a empresa produtora e o mercado, deixando de lado a degradação das relações causadas pela presença do mercado negro, recordo que, quando em 1971 entrei no setor e comecei a ocupar-me dos problemas comerciais e da distribuição da *Artemide*. O primeiro caso que tive que enfrentar e resolver foi causado pelo expedidor, que, habituado a entregar lâmpadas em Nápoles, sempre e apenas à firma Cappelli, oficialmente a única revendedora da cidade, entregou a essa empresa, por erro, lâmpadas com embalagem anônima, destinadas à firma Ferrari. Em suma, meu predecessor havia julgado resolver o problema da ampliação da atividade comercial a um novo cliente, ao escamoteá-lo com a embalagem anônima…

Em 1982, muitos anos antes que Tomamaso Buscetta começasse a falar, tornando-se o primeiro arrependido da máfia, escrevi um ensaio, que apareceu na revista mensal GAP*casa*, intitulado "O Arrependido do Marketing". Nele, elegia-me fora de uma disciplina que, na minha opinião, não havia conseguido trazer ao setor de móveis aquele mínimo de ordem que se acreditava absolutamente necessário

* No original, *foglia di fico*, folha de figueira, com o sentido bíblico de encobrir ou esconder algo vergonhoso (N. da T.).

para manter-se crível aos olhos dos demais: negociantes e consumidores.

As reflexões até aqui desenvolvidas fornecem as razões pelas quais não estou de acordo com quem, como Fulvio Carmagnola, reduz o papel do design ao de instrumento de marketing. Escreve Carmagnola que, se o design é "a pele da cultura", como sustentado por Derrick de Kerckhove, então

> a pele da cultura não é, ou não é mais, uma operação estética e simbólica, mas sim, para todos os efeitos, uma operação *econômica*, em uma economia ela própria profundamente mudada e na qual os processos de valorização investem a partir de agora e plenamente em todos os territórios "altos": na beleza, na cultura, no sentido, na vida cotidiana em todas as suas manifestações. Nesse processo, querendo ou não, certamente o design tornou-se estruturalmente uma parte do marketing, e o marketing, por sua vez, deixou de ser o revestimento comunicativo da mercadoria para se converter em ponta de lança dos processos de valorização.

E, poucas linhas depois, acrescenta que

> o design, de um lado, tende a se tornar, para todos os efeitos, uma parte da estratégia global de marketing, a integrá-la, e, de outro, tende, em certo sentido, a escapar de si mesmo. Que *terreno vago* é esse que vai da configuração formal dos objetos de uso fino às mais abstratas dimensões do cálculo econômico? A esse território tão vasto foram dados recentemente vários nomes, e muitos atributos foram acrescentados para qualificar o substantivo principal: precisamente, "economia". "Economia dos bens simbólicos" (Bourdieu), *felling economy* ou economia da experiência (Pine e Gilmore), "economia cultural" (Appadurai), entre outros. Do meu ponto de vista, prefiro a locução *economia funcional*[3].

Talvez valha a pena aludirmos a duas definições sobre o que se entende por "design", distantes entre si em quase setenta anos e bastante diferentes. A primeira, atribuída a Walter Gropius, é de 1919 e diz assim: "O design é a atividade de

3. Cf. Fine dell'innocenza, em *Op. Cit.*, Electa Napoli, n. 125, jan. 2006, páginas amarelas ADI.

transformação dos objetos para serem produzidos industrialmente." A outra foi dada por Renato De Fusco, um pensador histórico de nossa terra, datada de 1986: "Projeto, produção, venda e consumo são os quatro fatores ou momentos que tornam a experiência do design um processo unitário."

Hoje podemos assumir como ganho o postulado de Gropius, pois, graças ao pioneiro impulso da Bauhaus, a produção alcançou sucesso, dada a estreita colaboração dos projetistas ou designers para desenvolver uma reconhecida "estética industrial", capaz de variações segundo escolas e períodos diferentes, mas, desde então, bem distinta e, sobretudo, reconhecidamente isenta de influências artísticas ou artesanais.

Grave, por outro lado, é o atraso dos dois novos elementos – distribuição e consumo – incluídos por De Fusco, cuja definição de design atesta o nascimento de fenômenos como os de mercado e consumo que, ao tempo de Gropius, não eram ainda assuntos de relevância. A distribuição e o consumo exigem, de fato, cuidado e encontram dificuldade em decolar com formas próprias e em condições de sustentar o desenvolvimento de todo o sistema de desenho industrial. Os mecanismos e as regras para uma correta distribuição e para uma comunicação original do produto de design permanecem privados de qualidade, repetindo, sem nenhuma criatividade e com pouca eficácia, os modelos de venda de setores mais evoluídos. Enquanto mudaram profundamente o *como* e *que coisa produzir*, o *como fazer negócio* e *que coisa vender* continuam fundamentalmente invariáveis.

De modo análogo, o consumo permanece, prevalentemente, ignorante dos valores de inovação que caracterizam os produtos de design e não consegue destacar-se das preferências de compra que mantém do passado. Não conseguindo identificar-se com os novos valores veiculados por produtos que romperam com a tradição, o consumidor se mostra indulgente com as vias antigas, autocondenando-se a uma coação que se repete, que se manifesta na reiteração de escolhas conservadas no passado, voltando as costas ao contemporâneo. E isso ainda explica por que o mercado de design representa apenas um quinto do mercado de consumo total.

Creio que o design, aquele preconizado por De Fusco, deveria deslocar o centro da própria criatividade e da própria atenção sobre a distribuição e o consumo. E creio também que essa tarefa somente possa estar isenta em uma pequena parte da produção e dos projetistas. Para equilibrar o sistema e torná-lo harmônico e capaz de conquistar ao menos uma fatia um pouco maior do mercado, é necessário convencer aqueles que, anacronicamente, ainda se voltam para o mobiliário de estilo. Essa tarefa não poderá estar isenta apenas nos produtores, mesmo que sua contribuição ainda seja essencial. Dever-se-á, como se costuma dizer, criar um sistema, promovendo o design para ajudá-lo a ampliar suas dimensões, observando o alargamento do mercado tradicional de estilo, fundado na imitação repetitiva de produtos do passado, certamente menos exportável naquela Europa que representa o nosso mercado de referência e o maior de todos.

Para alcançar esse ambicioso objetivo, será necessária a contribuição de políticas municipais, regionais e nacionais, agindo em seu favor, como um *lobby* capaz de funcionar como alavanca em poderes públicos, dos quais se pode obter a ajuda necessária para conseguir metas culturais mais ambiciosas a médio e longo prazos, agindo talvez sobre as escolas, mas com resultados mercantis em prazos mais breves, sobre instituições culturais. Claro, pode ser importante a chegada e o aporte de capital financeiro para o reordenamento e a modernização do setor distributivo, com particular atenção à formação de especialistas em comércio e projeto, e dimensionamento dos espaços de venda, negócios e *showroom*. Mas é fundamental ajudar, educar e aculturar os compradores potenciais, e esse processo difícil deve e pode ser iniciado imediatamente, lá onde o sistema encontra os consumidores, interceptando-os, por assim dizer, nos negócios. É preciso que os espaços comerciais preparados para a venda sejam postos em condições de trabalhar para a elevação do nível da "cultura material" dos consumidores. Para desenvolver esse papel, devem poder contar ainda com a colaboração das empresas produtoras, também interessadas na ampliação do mercado de design.

Para se alcançar esse objetivo sistêmico, não será, por certo, suficiente impelir a alavanca tradicional, aumentando o número de novos produtos e sua capacidade de surpreender pela inovação e criatividade. Será indispensável ajudar e sustentar os responsáveis e todos os encarregados da distribuição, a fim de que compreendam que uma visita à loja não concluída com um ato de compra e venda, mas que influencie e transforme os conhecimentos e os gostos do visitante, fazendo-o sair da loja com ideias diferentes daquelas com que entrou, equivale a um sucesso. Um sucesso talvez maior do que aquele de quem realiza uma venda, mas deixa o comprador no mesmo estado de pouca ou nenhuma consciência, seja do design, como fenômeno geral, seja dos produtos que lhe foram aconselhados e vendidos. Trata-se, em essência, de aprender a vender "melhor", para poder vender mais. Operando em um mercado que não é mais aquele de necessidade, mas de desejo, é preciso passar da venda de produtos e fim para a venda de um produto com um pai (o designer), uma mãe (a empresa produtora) e uma história, com data de nascimento, referências significativas que, com frequência, reconduzem a aplicações prestigiosas em lugares igualmente prestigiosos. Vender produtos de design significa também isso, e mais do que isso, porque se deverá ulteriormente evolver, passando da venda de produtos à venda de projetos, ou seja, passando da venda de móveis, lustres e objetos providos de alma e história para aquela mais evoluída, representada pela venda de um serviço completo de mobiliário.

É necessário que o design adote um itinerário estratégico que não pode ser apenas "de mercado". De maneira crível, deve conotar-se como sendo essencialmente cultural. De uma cultura material capaz de intervir no plano da sociologia do consumo, conseguindo modificar-lhe a posição atual, sincronizando-a com uma gradual redução no consumo de móveis de estilo. Na Dinamarca já se conseguiu isso há muitos anos, fazendo-se coincidir a mensagem cultural com aquela industrial e mercantil. Hoje, a quase totalidade das casas e dos lugares de trabalho dinamarqueses é mobiliada com móveis de design, quase nunca com móveis de estilo.

E não creio que esse itinerário possa ser delegado ao "marketing", dado que o objetivo transcende-lhe tanto a competência quanto a experiência, sendo o problema, só aparentemente, o de vender mais. Logo, não concordo com Carmagnola quando sustenta que, "de um lado, o design tende a se tornar, para todos os efeitos, uma parte da estratégia global de marketing, a integrar-se-lhe; de outro, tende, em certo sentido, a afastar-se de si mesmo". Creio que sua análise talvez possa valer somente para aquelas empresas e aqueles produtos que sempre operaram no interior do território do design, e exauriram o impulso primigênio por causa da substituição das gerações ou das decisões de empreendedores de vender e se capitalizar, cujo fogo empreendedor que havia animado os seus inícios tenha, talvez, se apagado, por ausência de um mercado certo e estável. O fato de que numerosas empresas caíram em mãos do capital financeiro não significa que tenham chegado ao fim, que o mercado esteja próximo de uma convulsão, que o design tenha alcançado o fim de sua inocência.

Em minha opinião, o design certamente transformou-se, desenhando em poucos decênios o seu próprio mercado, embora ainda muito pequeno em relação ao enorme potencial do mercado global. Um mercado, porém, no interior do qual age, por meio de sua sedução e adulação, um design transformado em "luxo cultural", convertendo-se desse modo em um instrumento de excepcional capacidade de penetração no mercado. E que o design se tenha transformado é também a opinião de Carmagnola, que afirma: "O design está se transformando em uma atividade que não considera apenas a projeção da forma física do produto material, mas, de preferência, se encarrega das formas de experiência individual ou coletiva, seja por meio de produtos físicos, seja por meio de 'eventos culturais'". De acordo, mas essas novas tarefas somente poderão ser cumpridas se o próprio design encarregar-se delas, incorporando ao seu corpo interior "culto", enriquecido de humanismo tecnológico, todas as indicações provenientes de diversas disciplinas, entre as quais, e por que não, até mesmo aquela originária da melhor parte do *marketing*.

Acredito que seja não apenas oportuno, mas também muito provável, que venha o *marketing* a se tornar instrumento de um design entendido na mesma medida de um verdadeiro e próprio "neo-humanismo tecnológico pós-industrial", autor e ator principal da cultura material de nossos tempos.

Trabalhei toda a minha vida cultivando a esperança de que o design fosse reconhecido, promovido e sustentado por instituições e pessoas que prescindissem das escolhas políticas. A essa solicitação a Itália não soube, pôde ou quis dar resposta. Em nossos círculos veem-se ainda poucos hedonistas virtuosos.

Poderá o milagre acontecer no Brasil?

Giovanni Cutolo
Barcelona, janeiro de 2011

PREFÁCIO À SEGUNDA EDIÇÃO ITALIANA

Como se costuma dizer, rindo e brincando se passaram vinte anos da primeira edição deste livro. Num sentido, nada mudou na cultura do design e, noutro, mudou muito, em especial na Itália, a começar pela perda quase total dos mestres que emergiram nos anos de 1950. Mais do que tudo, modificaram-se a mentalidade e os comportamentos, sobretudo dos consumidores, isto é, o setor do qual Cutolo se fez o intérprete, tendo compreendido, entre os primeiros a fazê-lo, que os componentes *venda* e *consumo* claramente prevaleciam sobre o binômio *projeto* e *produção*.

> É preciso aprender a gastar, aprender a comprar, que é coisa mais difícil do que não saber vender e ainda mais difícil do que gastar. E isso é confirmado pelo grande número de indivíduos que, mesmo tendo aprendido a vender, conseguiram ganhar muito dinheiro, sem porém conseguir gastá-lo de maneira decente[1].

1. Ver infra, p. 84.

Além dessa mudança que o autor sugere diretamente, outras foram registradas. Foi difundido desmesuradamente o plágio. Não venceu o design do programa original – qualidade, quantidade e preço baixo –, e sim outro, por assim dizer, de "segunda escolha", cópia da cópia. Prevaleceram os objetos digitais em miniatura que, por terem mais funções, renunciaram a qualquer caracterização formal; o vestir-se de maneira desleixada tornou-se a moda dominante; proliferaram os jeans, os piercings aplicados em qualquer parte do corpo, o grafito que polui qualquer muro na cidade etc., para não falar da concorrência dos países emergentes.

Escreve Cutolo em um de seus mais recentes ensaios:

> O consumismo continua fazendo prosélitos, a despeito de sua vulgaridade embaraçosa, impelida pelos ventos dos desejos inapagados de milhões e milhões de indivíduos sem rosto que lutam para serem admitidos a participar dos seus ritos, esperançosos de encontrar algum equilíbrio e alguma identidade, sem perceber aquilo que, provavelmente, é uma ruela, uma estrada sem saída[2].

Em outro texto, o autor escreve:

> Quando o belo perde as próprias características de mensuração objetiva, refugiando-se na ideia de um gosto ligado à capacidade individual de sentir, procura erigir uma morada à sombra de uma sensibilidade que, apesar de subjetiva, chega a ser, porém, largamente difusa, para individualizar um território de homogênea "educação estética", no interior do qual se pode levantar a hipótese de níveis homogêneos de gosto. Isso se tornou, tanto óbvia quanto irremediavelmente, o campo de trabalho e intervenção da publicidade, instrumento da promoção de uma estética democrática, sorrateiramente difundida como alargamento gratuito e desinteressado de uma educação estética, diretamente capaz de favorecer a formulação, em qualquer indivíduo consumidor, de uma estética individual, geralmente percebida e vivida, ilusoriamente, como "livre"[3].

2. *Lusso & design*, Milano: Abitare Segesta, 2003, p. 36.
3. Idem, p. 94.

Um corretivo para essa situação é, para Cutolo, o comportamento equilibrado e autorregulado do "hedonista virtuoso", teorizado na primeira edição do presente ensaio: contemplando o prazer, próprio do hedonismo, com a virtude, própria de quem aprendeu a comprar e gastar, uma das teses de Cutolo é a de, sobretudo, apostar no projeto.

Já em 1989, não era só o projeto do meu "quadrifólio" que estava em andamento, mas, além disso, os da produção, da venda e até do consumo. Este último assunto parecia-me uma contradição: como se projeta alguma coisa que não era possível programar, dadas as poucas pesquisas de mercado e, sobretudo, as escolhas que o consumidor fazia por sua própria conta, confirmando o dito *de gustibus non est disputando* (gosto não se discute)?

Diferentemente de como pensava, hoje é o próprio consumo que está programado. E não só porque é mais útil e significativo partir da demanda do que da oferta, que, especialmente no setor do *furniture design*, não parece dizer algo de muito novo, enquanto ainda há algo para se descobrir na sociologia do consumo e, principalmente, nas variações do gosto. De fato, nesses vinte anos, a pesquisa de Cutolo progrediu, e penso particularmente nos livros *L'altra faccia del design*[4] e *Lusso & design*, que tem como subtítulo *Etica, estetica e mercato del gusto*, nos quais a tese inicial do hedonista virtuoso é desenvolvida e acrescida de explicações por autorizadas referências sociológicas.

Se num primeiro tempo a terapia proposta pelo autor é confiada ao oximoro do hedonista virtuoso, sucessivamente a atenção com que ele se volta para a "produção de luxo" parece uma maneira de enfrentar tanto o consumismo quanto o individualismo de massa e de se mover, ao mesmo tempo, contra a ideologia do moralismo e do esnobismo da classe abastada.

Estou escrevendo um ensaio sobre o gosto e, com o parecer de tantos filósofos e sociólogos que refletiram sobre esse conceito, cheguei à simples conclusão de que o gosto

4. Milano: Lybra Immagine, 1999.

é uma convenção histórico-estética. Mas essa definição resulta muito racional e contraria a ideia oficial alimentada pelos pais fundadores da estética, segundo os quais o gosto seria algo que pertencia à esfera do sentimento, sem passar pelo conceito. Para Hume e Kant, o apelo ao "senso comum" equilibrava o subjetivo com o objetivo e teria preenchido o vazio deixado por um prazer do belo sem conceito. Mas o que fazer frente ao fato de que hoje o senso comum se tenha todo deslocado em direção a prazeres piores ou, ao menos, sem exagerar, para o gosto ruim?

Também Cutolo compartilha o incômodo produzido por esse cenário que, todavia, considera modificável, graças a escolhas pessoais ético-estéticas, próprias do hedonista virtuoso. Essa ideia pode resultar útil a uma elite, mas não me parece suficiente para libertar-se do *kitsch* e da maioria dos consumidores, cujo gosto está justamente permeado por aquilo que detestamos. Todavia, é verdade que na realidade atual estão presentes outros gostos e valores. De fato,

> o novo luxo, aquele caracterizado e sustentado por garantias de ser acessível e disponível somente a poucos, não se assemelhará em nada, segundo Hans Magnus Enzensberger, ao que o luxo foi por séculos e séculos [...]. O Novo e Verdadeiro Luxo, ao contrário, se caracterizará pela absoluta prioridade de elementos contributivos e imateriais, os quais, segundo Enzensberger, são o tempo, a atenção, o espaço, o silêncio, o ambiente e a segurança[5].

Outra brincadeira do gosto está naquilo em que o próprio consumo vem se transformando. O consumo ostentatório parece ter se transformado no seu contrário: o minimalismo. Passa-se, portanto, a um modelo de fruição do luxo mais sofisticado e personalizado, mediado culturalmente por cada indivíduo. Fala-se diretamente de subconsumo ostentativo para indicar a escolha esnobística de produtos baratos por parte de indivíduos de alta remuneração e receita. Esse fenômeno está ligado ao processo de desmaterialização. Trata-se

5. *Lusso & design*, p. 39-40. Cf. Hans Magnus Enzensberger, *Zigzag*, Milano: Einaudi, 1999.

da progressiva transformação dos bens de consumo em algo intangível: esses se esvaziam sempre mais de sua materialidade física para chegar a representar um sonho, um estilo de vida, um pertencimento, um fator de diferenciação. Mas o que dizer do fato de que o design, por sua natureza, se reintroduz, para todos os efeitos, na cultura material?

Como se vê, a problemática do design é muito ampla e heterogênea, o que leva a reconhecer Cutolo como um autor que nele descobriu aspectos inéditos e sugeriu várias soluções.

Essas considerações não me levam de maneira alguma a pensar mal do consumismo – primeiro pensamento elaborado por um bom reformista –, porque considero o consumismo uma coisa ótima, apesar dos "efeitos colaterais", cujo limite está em ser ainda praticado por uma minoria e não em todos os países. O consumo ocupa muitas páginas de Cutolo, mas sempre é tratado criticamente, nunca separado do prazer hedonístico.

> O hedonismo não é um exercício coletivo, mas sobretudo individual. O hedonista maduro sabe o que quer porque aprendeu a organizar os próprios desejos; sabe onde e o que procurar; sabe com quem dividir o seu prazer. [...] Tem claro, enfim, que a sua sobrevivência, no que se refere a seu eventual desenvolvimento evolutivo para tornar-se *virtuoso*, depende da existência das garantias elementares oferecidas ao indivíduo pela democracia. O mundo ocidental, com a ordem social e política que nele prevalece, oferece o ambiente ideal ao hedonista orientado para as mercadorias e seu consumo.[6]

Nada mais distante daqueles que, por diferentes razões e ideologia, partido e cores, são a favor da abstinência. Àqueles dedico esse dito popular: "Que pena! O cavalo do monsenhor Perrella, quando finalmente aprendeu a não comer, morreu".

Renato De Fusco
Nápoles, novembro de 2009

6. Ver infra, p. 84-85

PREFÁCIO À PRIMEIRA EDIÇÃO ITALIANA

O discurso que Giovanni Cutolo – empreendedor, "mercador", escritor com interesses em sociologia do design – desenvolve neste livro, além de uma experiência plurianual dos temas aqui contidos, nasceu de uma ideia discutida longamente com o subescritor e exposta pela primeira vez em um artigo surgido em janeiro de 1988 na revista *Op.cit.*, da qual sou diretor há 25 anos. Mas isso só em parte dá motivo à nota atual que se deve, sobretudo, a algumas afinidades de opinião entre mim e o autor, a um certo modo de nos entendermos rapidamente, a uma atitude comum diante dos problemas cotidianos e, obviamente, à minha adesão quase total à sua ideia.

Este preâmbulo é para reforçar a minha convicção de que um prefácio não é tanto uma introdução a um texto, que ninguém melhor do que o autor sabe fazer, quanto uma espécie de apresentação que visa fazer conhecer aquilo que no livro não é dito explicitamente: os pré-fatos, as notas características do escritor, talvez aquilo que se perdeu no curso da redação, as afinidades precisas entre autor e prefaciador.

Se eu tivesse a seriedade de tantos colegas meus ou o atrevimento de outros, pensaria, no primeiro caso, que este "hedonista virtuoso" (claramente uma espécie de autorretrato de Cutolo) é um pouco mais que uma brincadeira; no segundo caso, que o texto dedicado ao assunto é profundo como só alguns ensaios alemães de sociologia da arte sabem sê-lo. Dado que não pertence nem a uma nem a outra categoria, posso dizer que este panfleto, de jocoso, tem só alguns acentos e que, de profundo, tem só a potencialidade. Tanto é que, nas várias fases da sua elaboração, o sentido inicial do gracejo, do achado, da ironia veio pouco a pouco se dissolvendo em uma tese sempre mais problemática, estimulando a vontade de aprofundá-la. O que digo não constitui um juízo de valor, que deixo ao leitor, mas unicamente um ângulo provável, tendo em mira submeter o texto à luz do que considero mais oportuna.

Que Cutolo oscile inevitavelmente entre uma intuição jocosa e uma teoria resolvida é demonstrado pelo fato de que ele enfrenta um tema extremamente sério, tal como é aquele do consumo da produção industrial informada pela cultura do design com todas as notórias implicações sociais e econômicas – um tema que foi objeto de vasta literatura, em vários níveis, das pesquisas científicas à invenção de slogans felizes –, pondo-se numa condição provocativamente mais incômoda, precisamente aquela do hedonismo. Como não fosse suficiente a tentativa de qualificar o consumidor hedonista, ele tenta, com certeza, aplicando-lhe o atributo de virtuoso, torná-lo alguém que pode corrigir as distorções do mercado, as contradições da relação entre a procura e a oferta dos bens.

Mas antes que se torne virtuoso, ou antes de transformar-se completamente, não só por um comportamento individual ou uma tendência geral, mas para se converter num corretivo do consumismo e de suas relativas consequências, vejamos o que entende Cutolo quando fala de hedonista.

Além do significado notório do hedonismo – um conceito que identifica o bem com o prazer, estigmatizado ao longo da história da filosofia e reabilitado, segundo o autor, pela obra revolucionária de Freud, que revelou e liberou a salutar e positiva influência própria a uma equilibrada gestão do princípio do prazer até o desenvolvimento harmônico do indivíduo –, existem outros significados que motivam a admissão desse incômodo paradigma.

Alguns são explicitados por interpretações particulares de Cutolo. Penso, por exemplo, no lugar por ele concedido ao hedonista em uma espécie de sucessão histórica da produção industrial: esta, em princípio, é regida pela figura do engenheiro, depois do cientista, em seguida do homem de marketing, sucessivamente do esteta (o designer, o estilista), e então, finalmente, pelo hedonista, aquele capaz de gerir os próprios desejos sem se envolver com constrições externas. Mas além desse esquema "histórico" opinativo e da mais concreta experiência que muitos veem na relação cotidiana entre produção e consumo, existem outras conotações do hedonismo às quais Cutolo acena levemente, ou algumas sobre as quais com certeza emudece. Estou de fato persuadido de que, usando esse termo, ele pretende contestar uma série de fatores que condicionaram os homens da nossa geração.

A natureza de tais fatores é prevalentemente ideológica. Pela esquerda se disse que o design se encarnava em produtos, os produtos se tornavam mercadoria, a mercadoria, riqueza, e a riqueza, poder – um poder obviamente a serviço da exploração capitalista. Concluía-se que o consumidor ou era um cúmplice ou um imbecil, ou, quem sabe, ambos. Corolário de tal ideologia foi o tão discutido problema da "manipulação", companheiro da heterodireção "até a persuasão oculta". Ainda inoculado na ideologia de esquerda, o design deveria desenvolver uma ação de pedagogia social, impor-se pelo rigor, sacrificando o prazer, tornando todos sóbrios, comedidos etc. Os mesmos sinais, mas opostos, teve a ideologia elitista e, enquanto tal, inevitalvelmente de direita: segundo ela, os produtos não podiam ser válidos pela sua qualidade, mas serem "assinados", objetos de promoção e de propaganda refinada, ou publicizados por revistas especializadas, e não dos *mass media*. Deveriam ser exclusivos e pessoais, representar um símbolo de status, distinto do gosto comum, e seu pior destino seria colidir com o *kitsch* etc. Como se vê, passa-se de um moralismo político a um estético, ambos envoltos em contradições intrincadas. Como opor-se a tanto ideologismo? A resposta é imediata: fazendo por si mesmo, pecando por imoralismo ou ainda identificando o bem com o prazer e, portanto, colocando-se na óptica do hedonismo.

Até aqui sigo, compreendo e compartilho o discurso de Cutolo. Mais difícil é aceitar a tese segundo a qual o hedonista, tornando-se virtuoso, pode realmente inverter uma tendência geral. Em outros termos, ao se contrapor ao utopismo moralítico ou ao esnobismo difuso, com evidente carga polêmica, o hedonismo me satisfaz. Entretanto, não consigo dizer quando essa linha de conduta, individual por definição, se torna coletiva, ou melhor, quando de uma legítima reação se quer passar a um "projeto de consumo" e, definitivamente, a um comportamento generalizável. Cutolo diz explicitamente que o hedonista virtuoso pode contribuir para reequilibrar a relação entre o indivíduo-consumidor e o mercado-manipulador. "Hedonismo então como cultura de uso, como sistema de regras, de conhecimentos e de informações para aprender o que procurar e onde encontrar".

Para desenvolver a parte conclusiva de sua teoria, ele se baseia na minha proposta de considerar o design um fenômeno unitário, mas articulado em quatro momentos (o projeto, a produção, a venda e o consumo), dilatando-a no sentido de que qualquer momento pressupõe um projeto. De acordo, mas se o projeto do projeto é um metaprojeto (um sistema projetivo), se o projeto da produção é uma metaprodução (organização racional de uma manufatura), se o projeto de venda é uma metavenda (a estrutura de distribuição, a promoção), como pode o projeto de consumo tornar-se "metaconsumo"? O que transcende e racionaliza o ato da compra e a utilização de um ou mais produtos? Mas mesmo admitindo que se possa projetar o consumo, isso é factível para uma comunidade com programas, finalidades, tempos definidos (um colégio, uma escola, um grupo esportivo etc.), não para um público genérico. Retorna-se, assim, à contradição, desta vez por meio do projeto entre hedonismo individual e coletivo. Essa contradição não corre o risco de seguir aquelas filosofias que identificam o particular com o universal? E, pior ainda, de seguir aquela psicologia que estende os desejos ou as neuroses do indivíduo aos da massa?

Certamente, a cultura de massa é uma cultura do individualismo de massa, mas todas as pseudoteorias da manipulação e da heterodireção foram desmentidas pelo próprio fato de que os seus comportamentos não são previsíveis, e menos ainda projetáveis, e não o são mesmo quando identificam o bem com o prazer; daí a incompatibilidade, ao menos por ora, entre projeto de consumo e hedonismo.

A proposta de Cutolo, ainda que amparada pelos exemplos que se aludem no texto, me parece não resolvida nos termos expostos e no estado atual da sua elaboração, mas não excluo completamente que, uma vez aprofundada, possa se tornar factível e operativa, porque, de qualquer forma, uma coisa é certa: se quisermos continuar a estudar a fenomenologia do design, é na componente do consumo que devemos insistir, representando o momento mais problemático e o menos indagado, mesmo sendo aquele que decide o resultado de todo o processo produtivo. Vista sob essa luz, a parte menos convincente do discurso se torna ao mesmo tempo a mais problemática, estimulante e aberta.

Gostaria de concluir a presente nota repetindo o que teve de escrever um editor na quarta-capa sobre um trabalho meu: "um livro contra os assuntos 'difíceis', os comportamentos 'fáceis', a desconfiança e o tédio". Aquele livreto tinha o título de "A redução cultural", outro tema que me aproxima do autor.

Renato De Fusco
Nápoles, julho de 1989

Nenhuma outra técnica de conduta na vida une o indivíduo tão estreitamente à realidade como a concentração no trabalho, pois isso o insere com certeza, pelo menos em uma parte da realidade, na comunidade humana. A possibilidade de deslocar uma grande quantidade de componentes libidinais, narcisistas, agressivos e até eróticos para o trabalho profissional, e as relações humanas que se consegue, confere ao trabalho um valor em nada inferior à sua indispensabilidade para a manutenção e a justificativa da existência na sociedade. A atividade profissional busca uma satisfação particular se for uma atividade livremente escolhida, isto é, de tal maneira que torna utilizáveis, por meio da sublimação, inclinações preexistentes, movimentos pulsionais não intermitentes ou revigorados constitucionalmente. E, no entanto, o trabalho como caminho para a felicidade é pouco estimado pelos homens. A ele não se recorre como a outras possibilidades de satisfação. A grande maioria dos homens trabalha impelida pela necessidade, e dessa natural aversão dos homens pelo trabalho derivam os mais difíceis problemas sociais.

SIGMUND FREUD

INTRODUÇÃO

Está em curso, no sistema das mercadorias, um jogo que não deixará de modificar profundamente a ordem futura do mercado e, em particular, a subdivisão, em seu interior, dos papéis e do poder que dele emana.

Certamente o mercado já havia conhecido, ao longo dos anos e dos séculos passados, mudanças e transformações. Mas o jogo permanecera fundamentalmente imutável. A estrutura original não havia assumido variações que alterassem o modelo tradicional, e muito menos distribuíssem o poder, modificando a repartição dos papéis.

Para melhor nos entendermos, podemos imaginar o mercado como um campo onde se joga *squash*, esporte no qual dois ou mais jogadores se alternam no arremesso da bola contra uma parede, para depois rebatê-la, quando retorna em direção a eles e é relançada outra e mais uma vez, até que um dos contendores não consiga mais alcançá-la e arremessá-la. Os jogadores aludidos em nossa metáfora são os industriais produtores, lado a lado com publicitários e/ou designers. A parede, então, bem pode representar o consumidor, e os agregados à distribuição funcionam como pegadores de bolas. De fato, o papel a que se confina o consumidor parece mesmo aquele de uma parede à qual se pede apenas existir e oferecer uma contribuição meramente passiva: limitar-se a absorver os golpes, sem empenhar no jogo alguma inteligência e sem dele participar.

Aos jogadores, produtores, publicitários e designers atribuiu-se a capacidade de projetar êxitos favoráveis ao próprio jogo, acompanhada de atitudes individuais, da sorte e da fragilidade dos adversários. Eles podem porém, sempre e de qualquer maneira, contar seja com a presença neutra e passiva de um consumidor-muro docilmente disponível para receber e restituir tudo, seja com a disponibilidade subalterna da maioria dos distribuidores: dirigentes e quadros internos, representantes e negociantes.Talvez, mais que de uma grande e única partida, tratou-se e ainda se trata de um grande número de partidas separadas no espaço e no tempo, que viram e ainda veem mudar e revezar os jogadores, assim como viram mudar algumas regras do jogo. Ao contrário, invariável é, sempre e em qualquer parte, o princípio básico que não prevê que se possa atribuir ao consumidor uma inteligência ativa e participativa para formular resposta aos arremessos.

Muitos sintomas estão indicando que uma profunda subversão, mais importante e revolucionária que uma simples mudança de regras, iniciou seu curso irreversível. Está para mudar o jogo, e são crescentes os casos que demonstram como o consumidor não mais pretende se limitar ao papel de muro, mas empunhou a raquete e passou a rebater as bolas com ângulos e pressões segundo seus próprios critérios, inspirados pelo prazer de agir e reagir, de jogar e de participar, encontrando-se frequentemente ao lado do comerciante que soube reencontrar o gosto do risco e do jogo, recuperando sua fução originária de filtro, ativo e participante. Se quisermos permanecer no âmbito das metáforas com bola, o novo jogo nos faz pensar na evolução de uma partida de tênis, um jogo que redime o jogador-consumidor da precedente posição de uma quase total não participação para relançá-lo em novas possibilidades, no interior de um papel dinâmico e projetivo. Aos produtores e aos publicitários – velhos jogadores, acostumados a prever com boa antecipação as respostas do consumidor – colocam-se então novos e estimulantes problemas, pois se torna imediatamente mais difícil prever as respostas do jogador-consumidor e/ou aquelas do jogador-comerciante. É provável que se chegará, gradualmente, à combinação de novas regras para o novo jogo. Mas é claro que será necessário primeiro perceber e aceitar, e depois absorver as consequências derivadas do colapso e desaparecimento do muro, evento traumático que previsivelmente induzirá muitos produtores a tentar uma remoção exorcística, antes de estarem convencidos de aceitar os dados da nova situação, aprendendo a operar e a jogar no novo contexto.

O advento sempre mais próximo do grande mercado único, no interior da aldeia global, aumenta a importância estratégica inerente à reversão que a mudança do jogo traz consigo. Não serão possíveis estratégias protecionistas, porque com o cancelamento dos limites estão agora fazendo desaparecer as margens sobre as quais poderiam ter sido erigidas eventuais proteções, de qualquer modo provisórias. Resulta então oportuno preparar-se para o novo jogo, aprendendo a conhecer e valorizar o novo adversário que se apresentará mais ou menos preparado, dependendo dos locais e dos setores de consumo, aparecendo, de vez em quando, como *consumista* bastante despreparado e facilmente controlável ou como *consumidor,* ou ainda como *consumidor consciente* ou, enfim, como *hedonista virtuoso,* pronto para criar dificuldades a quem cometa o erro de acreditar na possibilidade de continuar o velho jogo do produzir e do vender segundo regras que não têm mais valor. A única esperança de ver a bola retornar residirá, para os velhos jogadores, na sua capacidade de adequar-se à nova situação, que prevê um *partner*-adversário necessário: o consumidor, sempre mais frequentemente em dupla com seu comerciante. Consumidor que sempre com mais frequência se apresentará no jogo com as vestes do hedonista virtuoso, isto é, com as vestes de um protagonista movido pelo desejo de projetar o próprio prazer e também satisfeito de poder finalmente participar de uma partida que, quase sempre, o excluía no passado. O hedonista virtuoso é o representante de uma cultura crítica que sabe discriminar, reconhecendo-a, todavia, circunscrita ao interior de uma cultura do consumo mais vasta e, por sua vez, parte componente de uma cultura privilegiada.

O hedonista virtuoso é um ideal que se inclina a contrastar e defender-se dos efeitos da prática cotidiana, na qual tendem a prevalecer o instinto do rebanho e a coação.

O hedonista virtuoso sabe que deve, primeiramente, definir e refinar, e depois defender o próprio gosto e o próprio desejo, subtraindo-os de qualquer forma de coerção ambiental e de qualquer reflexo condicionado, para assim construir, com os materiais da própria experiência e do seu próprio conhecimento, o grande privilégio de ousar e saber onde, como e o que escolher.

É evidente, mas vale lembrar, que o saber escolher não pode ser comandado nem pode descender de um automatismo cognitivo: a participação ativa requer uma educação adequada, uma educação a ser utilizada como instrumento para se orientar a consumir em um mercado doravante maduro.

Essa participação ativa dos consumidores iniciou, já nos anos de 1960, um desenvolvimento na direção idealizada, aquela de uma presença alargada de hedonistas virtuosos, hoje apenas desejada, amanhã talvez possível.

Muito recentemente, um indiscutível grande sacerdote laico do gosto definiu o seu consumidor assim: "O intérprete ideal da moda do futuro será aquele que não se vestirá com qualquer coisa de qualquer um, mas por si só, e escolherá o próprio guarda-roupa sem obedecer aos símbolos e às funções da comédia social, mas, sobretudo, aos estímulos da própria história: humores, amores, recordações, desejos, projetos."[1]

É esse território que pretendemos explorar e ilustrar, assinalando a posição de forte estratégia centralizada que vem assumir o hedonista virtuoso quando consegue ocupar um espaço antes dele inexistente e controlá-lo em virtude do impulso inovador que traz consigo.

O hedonista virtuoso contribui na definição do espaço que o circunda, permanecendo livre de qualquer forma de determinismo ambiental, e manobrando habilmente no interior da situação, sempre diferente, mas sempre igual, da qual o homem é historicamente o fruto.

Por meio do uso inteligente da ação, na procura empírica mas contínua e sistemática de um equilíbrio individual e eclético entre dados internos e aportes externos, entre congênito e histórico, o hedonista virtuoso interage com a situação que a ele se apresenta, tornando-a homogênea ao seu projeto e apropriando-se dela culturalmente para tornar-se o protagonista.

O hedonista virtuoso consegue conciliar os impulsos contraditórios que separam os desejos do indivíduo da necessidade do corpo social. Ele de fato leva a fundo a autoanálise, a fim de assentar as premissas para individualizar o próprio ponto de equilíbrio, o ponto no qual se maximiza a harmonia entre dados originais físicos e psíquicos, de vontade e de representação. Fortalecido com esse trabalho e com a harmonia conquistada, como resultado e como método, pode desdobrar o próprio ecletismo e a contínua procura por *autonomia* e *diferença* na travessia do corpo social e do tempo histórico que lhe coube.

Assim equipado, aparece capaz de opor-se ao abraço envolvente do sistema de mercadorias, com suas infinitas ramificações e seu intrincado tecido de floresta artificial, que tende sempre mais a definir e caracterizar o ambiente no

1. Giorgio Armani, *L'Espresso*, 8 jan. 1989.

qual vive o homem ocidental, que de seu próprio derredor propõe e promove a falsa imagem de um jardim encantado.

O hedonista virtuoso se propõe então como ator transideológico de um possível quanto necessário resgate individual, pronto para devolver um sentido e um valor ao ato de consumir, elevando o consumo à condição de projeto. Aquele *projeto de consumo,* preciso, capaz de devolver a orientação necessária para não se perder na floresta artificial e para não perder o quanto de bom pode nela ser achado e utilizado.

1. O FENÔMENO DESIGN

A posse de uma bela poltrona projetada por um famoso designer, produzida por uma renomada empresa, distribuída pelas melhores lojas, comprada por consumidores conscientes e exposta nos museus de arte moderna do mundo inteiro não garante a felicidade. O mesmo vale, evidentemente, para as lâmpadas, automóveis, roupas, sapatos e qualquer outro tipo de bem. É verdade, porém, que, estando alguém feliz, não se entende o que faz sentado em uma poltrona feia. Enquanto que, ao contrário, uma pessoa feliz, circundada por belos objetos de design, vestida sobriamente com bom gosto e afundada numa esplêndida e famosa poltrona, quase parece mais feliz, comunicando, pelos sinais de harmonia que a circundam, o prazer de uma felicidade ora alcançada e gozada. Diferente é a situação daquele que é infeliz, que parece não poder contar grande coisa sobre a qualidade e o design dos objetos de que se serve e o circundam para superar o incômodo estado em que se encontra. Pelo contrário, talvez a sua infelicidade pudesse com certeza aparecer aumentada ou amargamente sublinhada se vivida em um contexto geral distonicamente agradável.

Não, nem o mais aguerrido otimista, o mais aceso sustentador de teorias positivistas e neopositivistas, o mais fanático sustentador da mensagem de renovação estética presente no design contemporâneo deve admitir que nem mesmo a posse do *belo* garante a felicidade.

Não obstante, considero útil procurar compreender quais e quão profundas modificações traz consigo o ingresso poderoso do belo na vida diária e na banalidade do cotidiano por meio da mensagem estética e formal quase sempre presente, a partir de agora, nas mercadorias produzidas e distribuídas, e que caracterizam o universo que nos circunda de maneira crescente.

Modificações que nos dizem respeito tanto como consumidores potenciais quanto como operadores e agregados, não importa em que nível, no projeto, na produção ou na distribuição.

Esse trabalho se fundamenta nas reflexões em torno da experiência acumulada durante muitos anos de hábito profissional no interior do mundo do mobiliário e do objeto de design. Experiência vivida no seio de uma contraposição polêmica à ordem preexistente, aquela que esse mundo se deu, privilegiando a reprodução de móveis nesse ou naquele estilo.

A aparente fratura entre design e estilo – aparente, sobretudo, aos olhos daqueles que sempre viram o design como um estilo, precisamente o estilo design – foi resolvida com o transcorrer dos anos, tanto que hoje parecem prevalecer os elementos de continuidade àqueles de oposição. Depois de séculos de decorações realizadas com móveis, lâmpadas e objetos no estilo Luís XIII, Luís XIV, Luís XV, há quem tenha espirituosamente falado de um estilo Luís Design, sugerindo, assim, uma continuidade e, com isso, a oportunidade de fazer reentrar os tons de cruzada que caracterizaram os primeiros anos de teorização e realização de produtos novos, inspirados na estética do design. Hoje, mesmo quem, como eu, viveu por anos o próprio compromisso profissional, rigorosamente "tudo casa e Bauhaus", deixou de se envergonhar só de olhar ou mesmo de apreciar objetos antigos ou novos, agradáveis e bem feitos, mas produzidos fora do crisma do design racionalista e bauhausiano. Parece-me evidente que o design postulado por Weimar e Ulm não pode ser considerado a única linguagem estética possível e aceitável para os elementos de decoração e objetos de uso.

Porque, efetivamente, os crismas que identificam o que é design do resto são ainda relativamente débeis. Sua definição e sua extensão continuam um campo aberto de debate e discussão. Uma referência útil a esse debate é certamente aquela oferecida por Renato De Fusco, que, para dar ordem à esquiva matéria, objeto da sua análise crítica, e para identificar o fenômeno design, que é seu objeto, vale-se de um quadrifólio. E isso não na tentativa de envolver e até mesmo cair nas graças do Pai Eterno, propondo-o como protodesigner, nem mesmo para aludir, como metáfora ecológica, à raridade dos quadrifólios e, consequentemente, ao equilíbrio sutil que subentende a relação entre quantidade e qualidade, mas para afirmar os quatro fatores fundamentais que, em sua opinião, precedem qualquer experiência que se pretende definir e avaliar como de design.

Projeto, produção, venda e consumo são as quatro folhas do quadrifólio, o "artifício historiográfico" colocado por De Fusco. A esse expediente expositivo e de análise ele confia "a função de uma linha crítica discriminante entre aquilo que cabe a título pleno no âmbito do design e aquilo que fica às margens, mesmo que traga uma significativa contribuição"[1].

A ideia central é que "o processo histórico do design não se baseia só nos projetistas, pois um peso igual possuem os produtores, os vendedores e o próprio público". Essa sua justificada convicção lhe permite conduzir uma análise não partidária, como é a quase totalidade de outras

1. *Storia del design*, Bari: Laterza, 1985, p. IX.

histórias assim consideradas do design, sobretudo aquelas escritas por arquitetos ou designers. Porque se é verdade que os produtos do design italiano se atormentam, como diz De Fusco, com a "hipertrofia estética", é também verdade que o fenômeno inteiro sofreu e ainda sofre de um mal proveniente da mesma origem. O mal é o de ser o design algo pensado, projetado, realizado, analisado, criticado, publicizado, promovido, julgado, ilustrado e explicado quase sempre por designers e arquitetos.

É como se o monopólio do pensamento e da reflexão crítica fossem confiados exclusivamente à mesma categoria, senão diretamente às mesmas poucas pessoas, designers e arquitetos, aos quais se deve o projeto dos objetos de design. Pelo contrário, daí se deveria inferir a absoluta incapacidade de reflexão e pensamento por parte de todos aqueles que intervieram e ainda intervêm nas outras três fases, as de produção, distribuição e consumo.

Partindo do conceito de *teleonomia* elaborado por Jacques Monod[2], parece-me possível propor uma retificação, ou melhor, uma integração ao esquema simbolizado pelo quadrifólio. O homem é um animal teleonômico que vive a própria vida *segundo um projeto*. No homem, a capacidade de projetar é uma atitude que se desenvolveu de modo poderoso, quase anulando a influência do *instinto* no comportamento humano. Aquele instinto que, ao contrário, regula inteiramente a vida de todos os outros mamíferos, guiando-os, de modo misterioso e surpreendente para nós, em todas as decisões de sua existência. O homem, portanto, se distingue por ser o único entre os mamíferos guiado pelo projeto, ao invés de pelo instinto. Obviamente, a capacidade de projetar do homem varia de indivíduo para indivíduo, assim como o instinto varia de animal para animal. A capacidade de projetar pode ser mais ou menos elevada e pode refinar-se e elevar-se numa direção em vez de outra, mas no homem está sempre presente. Com isso se afirma

2. *Il caso e la necessità*, Milano: Mondadori, 1974.

uma característica fundamental e discriminante do homem com relação a outras criaturas vivas: aquela de ser o único mamífero que projeta, isto é, o único capaz de controlar os próprios instintos residuais, orientando-os e sublimando-os, para colocá-los a serviço de uma ordem superior – a consciência –, que o organiza junto com ideias e sentimentos. Conhecimentos, raciocínios e objetivos naquele complexo conjunto que é, exatamente, o projeto.

Pois bem, essa atitude de projetar é comum a todos os homens, mesmo se presente com gradientes diversos nos indivíduos. Eis porque, atrás de cada atividade humana, é fato comum encontrarem-se níveis mais ou menos elevados de trabalho projetual, pelo que julgo ser possível individualizar um *projeto de produção* a cargo de qualquer empresa produtiva orgânica, assim como se pode falar, por conseguinte, de *projeto de distribuição*, e como também se deva começar a considerar não só possível, mas certa, a formulação de *projetos de consumo individuais*, entendidos como verdadeiros e próprios orçamentos das necessidades, dos desejos, dos impulsos e das emoções de cada um.

Olhando assim as coisas, reequilibra-se a relação entre aqueles que, como arquitetos e designers, fizeram do projeto o produto da própria atividade profissional, tendo decidido teleonomicamente viver a própria vida profissional a serviço do *projeto de projeção*, e todos aqueles que, mesmo se ocupando de outras coisas, nem por isso deixaram de formular um projeto pertinente às suas finalidades, fossem distributivas, produtivas ou de simples consumo.

Uma equilibrada leitura do fenômeno design não pode deixar de se deter nessas constatações elementares que, ao contrário, se afirmam e se reforçam, sem com isso tirar os méritos adquiridos com o trabalho de projetistas, muitos designers e arquitetos, aos quais se deve uma parte certamente preponderante da responsabilidade por ter alimentado e posto em movimento o relevante fenômeno do design, ao mesmo tempo econômico e cultural. Por si só, o projeto de projeção contém em seu interior uma espécie de cifra propedêutica à atividade fabril, razão pela qual isso acaba por assumir o valor de *metaprojeto*, tendendo a englobar os demais e sucessivos movimentos de projeção e, por isso, colocar-se como valor autônomo e absoluto a respeito das expectativas do mercado. E são essas, talvez, as razões pelas quais mesmo aos projetistas de projeções (designers e arquitetos) se devem uma presença crítica relevante e uma atitude maior para analisar, compreender e explicar a evolução de um fenômeno que os colocam estrategicamente na própria origem do processo de transformação da matéria-prima em produtos e, portanto, em mercadorias.

Estamos então frente a um quadrifólio com quatro folhas igualmente estruturadas, cada uma simulando um projeto: o projeto de projeção, o projeto de produção, o projeto de distribuição e o projeto de consumo.

Esses quatro projetos correspondem a quatro momentos cronologicamente sucessivos, seja pensando-se em uma simples peça, seja pensando-se no fenômeno em sua complexidade. Trata-se, como quer que seja, das quatro fases sucessivas que escandem, cada vez que todas as quatro *juntas* atingem elevados níveis de harmoniosa qualidade, a história de um evento de relevância cultural e econômica. O advento de algo que, desde o seu primeiro ingresso em cena e sempre mais, na medida do seu êxito, contribui para redefinir o ambiente circundante e preexistente com a força impositiva que possui cada fenômeno realmente inovador e significativo.

É evidente, por outro lado, que os quatro projetos têm histórias e níveis de maturação muito diferentes entre si.

O primeiro e mais antigo *projeto de proje*ção inicia-se com o *homo sapiens* e *faber*. Porém, sem ir muito longe, podemos fazer coincidir o nascimento do trabalho de reflexão em torno dos problemas de projeção com os anos em que o modo de produção industrial começou a se aproximar e, pelo menos em parte, a suplantar a repetitiva produção artesanal.

A respeito desse período, em um misto de prática e teoria, de laboratório produtivo e escola, podem-se enumerar diversas experiências cujo estudo oferece, ainda hoje, elementos úteis de reflexão e compreensão. O entrelaçamento entre a história artesã e a renovação industrial começa a ocupar a prática e a teoria. Como se escreveu recentemente:

> A inovação tecnológica e a tradição artesanal parecem se configurar como divindades de olimpos opostos [...]. Adesões ao novo e defesas do antigo, por outro lado, reunidas no objetivo de salvar a mercadoria da feiura e do empolamento, aparecem como opostas, mas análogas, ideologias defensivas elaboradas por intelectuais, os quais tentam com certeza controlar o real, ora aderindo, ora a ele se opondo. Estamos no delicado momento histórico no qual se verifica a passagem do consumidor-comitente e, portanto, do "fazer do indivíduo para o indivíduo", típico do artesão, para uma produção "coletiva para a coletividade", para um público vasto e indefinido de usuários, uma classe social inteira que, do Art Nouveau em diante, sempre se delineou mais como internacional e cosmopolita. O projetista, afinal, "responsável pelo aspecto dos objetos que ele nunca mais pode mexer", preparava-se para desenvolver um papel às vezes contraditório de mediações, não só entre consumidor e indústria, mas entre demanda de esteticidade do objeto e sua conformidade a um preciso papel funcional[3].

O entrelaçamento entre indústria, artesanato, estética e funcionalidade se tornará, em alguns casos, inextricável e, portanto, bastante estimulante: que se pense apenas naqueles manufaturados fantásticos que hoje permitem ao homem explorar o espaço e que são um emaranhado de manualidades, estética futura, vanguarda industrial e funcionalidade perfeita.

O início do processo pode ser posto na Inglaterra, onde culminou com o movimento das Art and Crafts de William Morris; sucessivamente, na Áustria, com a Wiener Werkstätte e as formulações teóricas de Adolf Loos; na França, com o trabalho de alguns estilistas como Jacques-Émile Ruhlmann e Paul Poiret; na Holanda, com De Stijl; na Alemanha, antes com o Deutscher Werkbund e depois com a Bauhaus e a Escola de Ulm. Gradualmente, toma a forma

3. Antonio D'Auria, Il designer, il bricoleur e l'ingegnere, em *Op. Cit.*, Edizioni Il Centro, n. 73, set. 1988, p. 23-24.

de uma verdadeira filosofia de projetar, ocasião para definir uma estética da projeção e do produto industrial. É a esse período que se pode fazer remontar o moderno *projeto de produção*, na acepção que se pretende aqui evidenciar. Os primeiros capitães da indústria, metade reformadores e metade patrões tiranos das serralherias, fundam as primeiras manufaturas e as primeiras indústrias: de Josiah Wedgwood a Henry Ford, desenvolve-se gradualmente uma filosofia do projeto de produção industrial. Esse projeto se desenvolve nas mãos do empreendedor, ao qual sucessivamente se junta a figura do *manager*, o técnico incumbido de gerir uma propriedade fragmentada em milhões de ações e, por isso, constituída por milhões de proprietários, a única capaz de permitir os enormes investimentos financeiros necessários à decolagem das grandes concentrações produtivas.

Vem um momento, relativamente recente, no qual, como veremos, ao projeto da produção se junta e se alia muito estreitamente o novo *projeto do design*. O designer, que muitas vezes, sobretudo inicialmente, apresenta-se nas vestes do arquiteto, se vincula sempre mais decididamente à indústria, legitimando e institucionalizando a especificidade do próprio papel de mediador entre memória artesã e invenção tecnológica, entre *artesão-bricoleur* e engenheiro-inventor.

O *projeto de distribuição* e/ou *de venda* chega mais tarde, quando se afirma a necessidade de atualizar instrumentos adequados para conduzir a análise, a planificação e o controle do conjunto das ações voltadas ao mercado e a ele destinado. Conjunto de ações que se costuma identificar com o termo *marketing*, ao qual se atribui a tarefa de individualizar e conhecer o cliente potencial de cada serviço ou produto, de maneira a fazer coincidir o que se queria vender com aquilo que ele gostaria de comprar.

O objetivo final do *marketing* é tornar supérflua a venda, obtendo como resultado o encontro, aparentemente natural, de uma dada clientela com uma dada produção[4].

4. Philip Kotler, *Marketing Management*, Milano: Mondadori, 1973.

Enfim, o *projeto de consumo*, diferentemente dos três projetos anteriores, é pobre de passado e de história. Ele pressupunha os êxitos da produção industrial e da distribuição científica, e, agora que esses resultados foram conquistados, põe-se o imperativo no fato de se encontrar uma formulação precisa, capaz de permitir desenvolvimentos diversos. Naquela parte do mundo que agora é sempre marcada por um aparentemente irrefreável pulular de mercadorias e produtos, é necessário que os indivíduos aprendam quão necessário é ser capaz de formular projetos de consumo que tornem compatível o imutável "princípio de prazer" com o seu oposto, o "princípio de realidade" emergente nessa nova paisagem, desenhada pelo acúmulo de mercadorias e pela crescente estratificação dos serviços.

2. OS ELEMENTOS CONSTITUTIVOS

O Produto

Em sentido lato, tudo que se apresenta como resultado de um processo de produção é definível como produto. Portanto, a bom título, pode-se considerar que o projeto de um designer seja ele mesmo um produto, assim como pode ser considerado um produto a definição de certa rede de distribuição obtida mediante a abertura ou a adaptação de variados estabelecimentos comerciais equipados para a venda de um determinado tipo de mercadoria.

O primeiro é resultado de um *projeto de design*, enquanto o segundo é resultado de um *projeto de distribuição*. Mas, independentemente dessas e de outras possíveis definições, resta o fato de que o termo *produto* invoca, na maior parte das pessoas, algo tridimensional, fruto de uma transformação manufatureira.

O objetivo de uma fábrica era e permanece aquele de produzir o melhor, dentro de suas possibilidades, utilizando os recursos técnicos e humanos disponíveis de maneira otimizada. O resultado desse compromisso é o produto, assim como sua chegada às lojas da empresa. A qualidade desse produto pode ser expressa por um juízo que se baseia no processo de produção, embora se defina como de qualidade aquele produto que se utiliza da melhor maneira dos recursos técnicos, humanos e materiais empregados; ou ainda de um juízo comparativo que julga o produto dado em relação a todos os outros produtos similares encontrados no mercado. Disso se segue que se pode considerar como de qualidade um produto porque representa o melhor resultado possível utilizando aqueles tais materiais e aquelas máquinas dadas; ou então se pode dizer que tal produto é de boa qualidade porque é melhor que outros existentes no mercado, mesmo que ele não represente aquilo que de melhor se poderia produzir na fábrica da qual provém. É evidente, então, que o julgamento da qualidade é influenciado por fatores internos e externos ao processo típico e real de transformação industrial.

Assim, concorrem para definir um julgamento acerca da qualidade de um produto considerações de naturezas projecional e industrial, e outras de mercado ou, poderíamos dizer, de natureza comercial. Existem então qualidades diversas: de projeto, industrial e também comercial. A sua combinação sinergética determina o sucesso do produto, assim como a duração do próprio sucesso, podendo chegar às vezes a modificar as características do mercado. Que é mercado de produtos, mas também mercado de relações e, portanto, de serviços.

O sucesso e, sobretudo, sua duração são influenciados tanto pela qualidade do produto quanto pela qualidade do serviço que acompanha o produto através do mercado, da loja da fábrica até sua destinação final de uso pelo consumidor, em uma viagem que põe em movimento uma densa rede de relações e de comportamentos apenas em parte regulamentados, oferecendo, portanto, aos operadores uma ampla margem de liberdade.

É fato que a qualidade produtiva tende agora, ao menos nos países mais avançados, a ser considerada como algo previsível. Está implícito que o relógio assinale o tempo e dê a hora exata. O juízo sobre a qualidade de tal relógio não mais se volta agora para verificar, como no passado, a qualidade produtiva. Como sublinha Domenico De Masi, os nossos avós, no momento de adquirir um relógio, preocupavam-se sobretudo em garantir a sua precisão. Produzir um relógio preciso não era fácil e, portanto, o relógio mais preciso era aquele mais raro e mais caro. Hoje, porém, estima-se que também os relógios mais baratos sejam cem vezes mais precisos que aquilo que o comprador médio necessita. A motivação da compra não nasce mais de uma escolha que julga a qualidade substancial (a precisão), mas, antes, a qualidade formal e estética (o design) e a qualidade distributiva (o marketing) ou de imagem (a grife). Uma consideração atenta dessa transformação, no próprio mercado dos relógios, permitiu à Suíça – exemplo clamoroso oferecido pela Swatch – recuperar o terreno perdido e então replicar, em seu favor, os êxitos da guerra travada com o Japão para o predomínio nesse setor.

Aparece agora como evidente a importância de compreender a segmentação e a evolução semântica da palavra *produto* e suas diversas facetas, assim como da palavra *qualidade*, que permanece determinante pela necessária definição do valor que qualquer produto requer para interagir com e no mercado.

Assim, deve-se apreender a *qualidade projetiva* de um produto, conseguindo ler-se a presença de um ato projetivo forte e rico em valores funcionais e formais, mesmo naqueles casos em que as boas intenções do design resultam traídas pela produção e inutilizadas pela distribuição.

De qualquer modo, deve-se lembrar a existência de uma intrínseca *qualidade produtiva* capaz de afirmar-se mesmo na ausência de uma validade particular do projeto, e que chega, frequentemente, a permitir a superação até mesmo dos limites de uma inadequada distribuição.

A qualidade comercial, ao contrário, consegue remediar com frequência as eventuais carências projetivas e produtivas, garantindo a boa difusão do produto com uma distribuição vinculada às suas potencialidades, mesmo que mal servidas por projetos e produção inadequados.

Resta, por fim, a *qualidade do consumo*, confiada às capacidades individuais de um simples indivíduo, à sua cultura e à sua criatividade de usuário e fruidor, capaz de se adaptar, sem diminuir o seu projeto de consumo, a produtos de qualidades projetiva, produtiva ou comercial de nível inferior à qualidade dos seus desejos.

O Mercado

Durante um longo período histórico, que vai do nascimento, na Inglaterra, das primeiras manufaturas têxteis e de cerâmica (Josiah Wedgwood fundou, em 1769, a Etruria, manufatura-modelo de *potteries*), até os nossos dias, ocorreu uma profunda transformação econômica, social e política. O aspecto que nos interessa evidenciar dessa grande mudança histórica é aquele inerente à dilatação semântica da palavra mercado. Nas cidades medievais e até o fim do século XVIII, o mercado era um lugar bem localizado, uma praça, uma loja, onde os negociantes expunham aos potenciais compradores seus produtos, de acordo com um calendário usual e conhecido. Esse hábito permanece, e em muitas de nossas cidades encontram-se locais e arquiteturas que ainda se chamam "pórtico dos mercadores" ou "praça do mercado", enquanto que agora o seu destino de uso, no interior do contexto urbano, tornou-se outro. Hoje, a palavra "mercado" é usada como sinônimo de "nação" ou de "país", de tal forma que se tornou usual discutir sobre trocas e mercadorias fazendo referência ao "mercado" italiano ou europeu, americano ou chinês.

A grande transformação iniciada no fim de 1700 com a Revolução Industrial atingiu agora, entre tantos outros resultados, aquele de fazer coincidir o mercado com a totalidade de um país, de uma nação ou de um continente. A Itália, a Europa, a China tornaram-se mercados fortes por conta da difusão da produção industrial e da consequente explosão dos intercâmbios comerciais e dos consumos. A identidade regional preexistente se esvai e se subordina à nova identidade dos mercados porque, graças ao desenvolvimento econômico, o termo mercado contém e absorve as regiões geográficas e as nações políticas. Se as ideias florescidas com a Revolução Francesa redesenharam politicamente o mundo geográfico, subdividindo-o em nações, as ideias que animaram o nascimento e o desenvolvimento da Revolução Industrial determinaram uma nova repartição das tradicionais unidades geográficas, históricas e políticas em unidades homogêneas, identificáveis quanto a uma análoga propensão ao consumo. Às homogeneidades geográficas anteriores, herdeiras de milhões de anos de movimentos de terra e de água; às subsequentes homogeneidades e afinidades políticas construídas por séculos de história de guerra e paz, de encontros e desencontros, de invasões e migrações de povos inteiros; eis, enfim, que se substituem por uma última repartição em "mercados", os quais, misturando e remexendo entre si as cartas precedentes, criaram as premissas para desenvolvimentos futuros. O primeiro artífice dessa transformação foi o produto industrial, ao qual se deve a evolução do mundo de entidade geográfica a "mercado", sobrepondo-se às mais usuais partições étnicas e históricas e colocando as premissas para futuros cenários evolutivos.

Essa profunda transformação deve ser bem compreendida porque, justamente graças a ela, muitos problemas que o passado nos deixou como herança foram resolvidos como por encanto; como é também sua culpa se hoje devemos enfrentar e resolver problemas que nunca antes foram postos. Para entender o sentido dessa mudança, é preciso retornar a um mundo fragmentado e desunido, constituído de regiões separadas por montanhas, oceanos e outras barreiras naturais. Nesse mundo antigo, os habitantes de vales contíguos, distantes poucos quilômetros, mas separados entre si por intransponíveis montanhas, podiam desenvolver comportamentos culturais notavelmente diferentes e mesmo divergentes, na ausência de intercâmbios diretos, tornando-os praticamente impossíveis devido a barreiras naturais.

Diferentemente, os habitantes das planícies cortadas por rios de curso regular conseguiam realizar notáveis níveis de comunicação, graças ao intercâmbio de mercadorias e à assimilação de técnicas e costumes.

Esse mundo de regiões separadas ou unidas de acordo com os acidentes geográficos e a conformação original do solo veio gradualmente se modificando, graças às incessantes construções de uma rede de vias terrestres e de água, e muito mais tarde também de ar, além de concretizar as homogeneidades étnicas, religiosas e ideológicas, capazes de unir, a despeito das montanhas, ou de separar, apesar de rios e planícies.

O resultado dessa grandiosa mudança, ainda em curso em muitas partes do globo, trouxe a definição de um mundo dividido politicamente em nações, e não mais em regiões geográficas.

Em lugar dos confins geográficos naturais, foram se definindo limites políticos: se antes havia montanhas separando, depois foram as barreiras alfandegárias. Os novos entes nacionais basearam quase sempre a sua edificação em territórios nos quais existia homogeneidade de língua, etnia, moeda e religião.

A nação representou e ainda hoje representa o objetivo histórico supremo ao qual tendem numerosos grupos étnicos ou de língua que não conseguiram ainda ver consagrado, com a união nacional, o domínio sobre os elementos naturais, originais e característicos da própria região geográfica.

O mundo das nações conseguiu superar e derrotar os obstáculos colocados pelas antigas e originárias barreiras naturais, perfurando as montanhas com longas galerias, superando rios e braços de mar com pontes colossais, sulcando os oceanos com grandes navios, como cidades flutuantes, e céus com velocíssimos aviões.

Isso, porém, ergueu barreiras lá onde não existiam, substituindo com frequência os confins naturais por limites artificiais, muitas vezes tão odiosos quanto perigosos, chegando a imitar a natureza ao escavar valas ou erigir muros.

Hoje esse mundo dividido em nações tende a ser incorporado em um único grande vilarejo, que não é outro senão o grande mercado global, onde os confins geográficos ou políticos permanecem, mas de maneira subordinada à nova homogeneidade criada pela livre circulação das mercadorias.

Uma homogeneidade que identifica um "mercado" no interior do qual se reencontram as precedentes divisões, sem chegar porém a realmente separar, como acontecia no passado. As antigas separações – montanhas ou limites – foram substituídas por novas barreiras invisíveis, mas nem por isso menos reais, que seguem o deslocamento da linha de demarcação do gosto, assim como ela se desenvolve em função do contínuo bombardeio de informações. E de um contínuo e crescente propagar-se de bens e serviços, cujo objetivo parece ser tornar tudo disponível a todos e em toda parte.

Foi-me sugerido prestar atenção e não confundir o alargamento dos mercados e o advento do grande mercado global com a harmonia celeste; porque enquanto se alarga a diferença entre Norte e Sul, o Terceiro Mundo está arriscado a morrer de fome e injustiça social. Foi-me também lembrado que o mercado das armas talvez seja o sintoma mais preciso da situação e contradiga a imagem triunfal e rósea que parece subentendida ao se atravessar o cenário por mim descrito. Mesmo que as armas, como mercadorias, circulem com tal velocidade para o advento do mercado global que outros setores mercadológicos custem a alcançar.

É fato que a História não é outra coisa senão o resultado de êxitos diversos que conseguiram indivíduos e grupos no contínuo encontro e desencontro que é o fundamento de cada dialética de evolução ou somente de transformação.

Num caso e noutro, o resultado é o que muda o ambiente. Eu não saberia renunciar a embalar em meu coração uma esperança positiva de que parte dos lucros que o grande mercado produzirá deva ser destinada à restauração dos estragos ambientais e sociais causados pelo tipo de desenvolvimento que prevaleceu até hoje. E digo deva, e não possa, porque considero que nessa direção há razões de ordem econômica e sistêmica, antes e mais do que razões de ordem ecumênica e humanitária. Portanto, temos pela frente um mundo no qual as próprias mercadorias destruíram e cancelaram as velhas barreiras naturais e os confins alfandegários e políticos, agindo nesse sentido como uma poderosa malha unificante através de uma tão poderosa quanto perigosa homogeneização dos consumos, em boa parte, infelizmente, corroídos pela tentação de responder a falsas necessidades e a necessidades induzidas.

Uma posição central e potencialmente revolucionária no interior do sistema das mercadorias será confiada, nesse novo contexto, ao *hedonista virtuoso*, na qualidade de novo consumidor equipado para se orientar e superar as novas barreiras do gosto que intervêm para restaurar, de um modo diferente, as velhas divisões e, com isso, um suficiente grau de desomogeneidade, talvez necessário para garantir e alimentar a irrefreável dialética da evolução.

Registre-se aqui que o risco político e social que comporta o aprofundamento da distância que separa aquela parte da humanidade que ainda vive no interior de um mercado de necessidades, onde a luta é cotidiana para conseguir o indispensável, daquela que participa do mercado dos desejos, onde prevalece a presença do supérfluo, altera o funcionamento da análise econômica clássica. Dedicar-se ao estudo dessas alterações não nos deve fazer esquecer a espada de Dâmocles que pende sobre um mundo com excesso de desequilíbrio. Pela primeira vez na história da humanidade os valores de uma cultura se impõem a todo o planeta: todos querem poder ter acesso à tecnologia ocidental para poder "consumir". Mas a produção se impõe como culto forçado ali onde o consumo é heterodirigido e quebra antigas ordens sociais, substituindo uma economia de desejos ou de necessidades induzidas por uma economia de necessidades reais. Atrás dessa inversão oculta-se a armadilha do desejo induzido que leva consigo as alterações inerentes à economia do supérfluo. O consumidor maduro e salvador, o nosso hedonista virtuoso, será possível se alguma vez, num mundo e num mercado de privilégios no qual exista a possibilidade de "aprender a consumir", aprender a fazê-lo na "medida do homem", coisa que se apresenta como difícil, mas não impossível. Além disso, esse personagem, para subsistir e sustentar o seu equilíbrio superior, necessita de uma visão de conjunto, de uma compreensão do mundo real, que lhe impõe libertar-se da mesquinharia do ego, para, ao contrário, ter em conta o nós, como vínculo prático e ético. E não é casual que isso seja exatamente o que compreenderam e a que se dirigem todas as grandes religiões.

Malgrado a importância e a sensatez dessas considerações, gosto de acreditar, com o otimismo positivista de Condorcet, quando anunciava um progresso humano infinito, que essa evolução cultural e social do hedonista seja possível e esteja até mesmo em curso, não para mudar o mundo, mas, talvez, para sugerir-lhe o uso mais coerente de suas moradas.

Se por um lado parece evidente a imutabilidade de alguns elementos constitutivos e característicos do homem, que nenhuma mudança ou evolução conseguiu nem mesmo riscar, por outro lado parecem enormes as transformações do mercado e do ambiente e a sua influência nas relações e nos comportamentos.

Nesse sentido, parece-me absolutamente excepcional o resultado que alcançou a revolução das mercadorias, com a evolução dos transportes e o desenvolvimento da produção e da distribuição. Hoje, um simples trabalhador ou um modesto empregado de qualquer país ocidental dispõe de meios que lhe permitem ter acesso ao uso de mercadorias e serviços que em qualquer século passado pareceriam não um privilégio, mas até mesmo um sonho, mesmo para um rei ou imperador. A disponibilidade de luz, água corrente, fria e quente, aquecimento, geladeira, diversos alimentos para uma dieta variável, automóvel e tantas outras coisas que hoje consideramos "normais", não esquecendo que só depois do século XIII se começaram a construir castelos dotados de lareira!

O desejo de possuir todas as mercadorias e todos os bens, ou de gozar do máximo conforto, para adquirir ao mesmo tempo, por meio dos seus símbolos, mesmo a essência do status social, muitas vezes ausente, mas tão desejado quanto os bens materiais, parece ter uma capacidade de impulsão, no sentido da transformação civil e social, igual ou talvez superior àquela dos "ismos" do passado. A mensagem implícita na revolução das mercadorias mostra ter uma força profunda e uma capacidade de sedução e de fascínio, em certos aspectos, superior a qualquer outro sistema de pensamento revolucionário, religioso ou ideológico. A definição de um único grande mercado global determina uma natural intenção dos indivíduos em se converterem em atores e protagonistas no interior desse novo cenário evolutivo: dos habitantes de uma realidade regional a cidadãos de uma entidade definida politicamente, dos consumidores de certo nicho de mercado a hedonistas virtuosos, capazes de culturalizar o gesto de consumir mediante o estudo, a reflexão e o conhecimento do sistema das mercadorias.

O Ambiente

O homem é o único animal não "especializado", ao passo que qualquer outra espécie animal possui um sistema de órgãos "especializados" com os quais domina e experimenta o próprio "ambiente específico". O homem, que não possui nenhuma formação orgânica que o torne mais adaptável a um lugar do que a outro, está, por conseguinte, privado do seu *ambiente natural* específico. Um macaco sobre as árvores na floresta tropical ou um urso branco sobre os bancos de gelo no Polo Norte se movimentam ambos com a mesma segurança. Ambos são animais "especializados" dotados de uma formação orgânica que lhes permite mover-se e viver num determinado espaço que apresenta características climáticas e ambientais específicas. As garras, a pelagem e um estrato de gordura com muitos centímetros não seriam de nenhum auxílio para um urso branco em cima de uma árvore na floresta tropical. O rabo e os pés, que permitem ao macaco voltear entre os ramos, também não lhe seriam de nenhum auxílio, e sim impedimentos, para se locomover no gelo do polo, onde antes mesmo de morrer de frio, perderia toda a sua segurança "natural". A mesma segurança o homem só encontra no interior do seu espaço e de sua habitação. Habitação que ele não encontrou já pronta, mas que construiu sobre as árvores na floresta tropical ou entre as geleiras do polo, sobre a montanha ou na planície, sobre palafitas de madeira nas margens de um rio ou em pedra, ferro, vidro e cimento projetado em balanço em uma rocha sobre o mar, no calor ou no frio. A habitação representa o microambiente do homem, que, somando-se a centenas e milhares de outras habitações, unidas entre elas por uma malha de estradas e diversos sistemas de comunicação, intercaladas por edifícios públicos e de espaços coletivos, determina e define o espaço no qual o homem vive: o ambiente por ele forjado, mudando as condições preexistentes, adaptando-as às suas necessidades e aos seus desejos, até convertê-lo em seu próprio ambiente. Portanto, é justo assumir como natural no homem não o ambiente que ele encontra no momento de sua aparição em certo local, mas sim aquele específico que ele próprio projeta e constrói com o seu trabalho, orientado por suas necessidades e sustentado por seus conhecimentos.

Nesse sentido, pode-se sustentar, como faz Arnold Gehlen, que o ambiente de um homem seja aquele determinado pela sua própria *cultura*, aquela que pode ser considerada a verdadeira e típica *segunda natureza* do homem. Uma segunda natureza mais "natural" do que a daquela originária[1].

Uma vez aceito que o ambiente cultural do homem coincide com seu ambiente natural, pode-se então assumir que Paris seja mais natural do que a floresta amazônica, e que os campos bem cuidados da Bavária sejam mais naturais do que a selvagem estepe sármata. Pois tanto Paris quanto os campos bávaros são o resultado histórico da intervenção humana, capaz de transformar, sob aquele impulso constante que induz o homem a dar forma a um ideal de civilidade, a originária natureza selvagem em um "ambiente cultural" paradoxalmente "mais natural". Transformando a natureza, dobrando-a ao próprio querer, o homem até agora pôs a nu a própria e insanável fratura entre sapiência e inconsciência. Na elaboração e na realização da própria cultura-como-segunda-natureza, até agora o homem pôs de lado e escondeu o perigo do desastre ecológico causado pelo aproveitamento insensato dos recursos energéticos, tendo por detrás uma ordem consumista "de fachada" tanto míope quanto sedutora.

Resulta evidente a necessidade, seja individual ou coletiva, de uma ativa tomada de consciência. Seria preciso intervir imediata e politicamente para interromper os danos, consertando e remediando, se e onde ainda for possível. Parece, entretanto, que a justa causa adorada pelos defensores da natureza desembocará numa fanática e preconceituosa hostilidade contra qualquer razoável forma de transformação. Assim se termina por contrapor o bairro ou a cidade poluída ou degradada por causa de um desequilibrado projeto de desenvolvimento econômico à nostálgica hipótese de uma idílica e bucólica atmosfera originária, toda feita de prados, passarinhos e borboletas. E se esquece que a terra é ainda hoje cheia de locais tanto naturalmente originais quanto absolutamente inabitáveis, assim como também se esquece que existem inúmeros espaços de refinada

1. *L'Uomo*, Milano: Feltrinelli, 1983.

qualidade cultural e, portanto, ambientais, projetados e construídos pelo homem.

É certamente verdade que também a melhor natureza originária pode ser melhorada ou pelo menos preservada da intervenção cultural do homem. Bem entendido, daquele homem com H maiúsculo, com o qual gostamos de nos identificar, porque representa o lado melhor da humanidade, que nem sempre foi portadora de cultura e de respeito por si mesma ou pelo ambiente.

Por outro lado, parece insuprimível uma nostalgia difusa que continuamente aflora aqui e ali com acentos de lamentação por um mundo que existiu uma vez e que agora não existe mais. Nostálgica sensação análoga àquela vontade de artesanato com que frequentemente se julgam os produtos industriais e que se alimenta de compreender a relação indústria/artesanato, que enxerga o patrimônio cultural do artesão como algo cristalizado, conservado na tradição.

O quadro, como sabemos, é bem mais complexo e articulado exatamente de um ponto de vista cultural, até mesmo, e sobretudo, pelas suas implicações no processo de transformação civil e social, na vertente do consumo e do mercado. Transformação, em suma, mais interessante e certamente mais pertinente, apesar do ângulo dado a essas observações, do que é a análise dos meios e dos métodos de produção. Por outro lado, a evolução civil sofre toda vez que o fanatismo e/ou a nostalgia ganham alento. A palavra "civilidade" se traduz em alemão pelo termo *Kultur*, enquanto o termo *Zivilisation* alude a aspectos intrínsecos que se desenvolvem paralelamente a cada evolução histórica, àquelas mercadorias e bens materiais e econômicos que povoam a paisagem de uma civilidade sem, porém, enriquecer o seu profundo significado cultural.

Oswald Spengler esforçou-se, cerca de sessenta anos atrás, em demonstrar a existência de duas fases distintas no desenvolvimento cíclico da civilidade. Em uma primeira fase, teria havido o aparecimento da *Kultur*, e se viveria então o momento alto, com a exaltação do gosto pela qualidade e a serena aceitação de todas as diferenças existentes entre coisas e pessoas. Os protagonistas e os artesãos dessa primeira fase, além dos símbolos, seriam os nobres e os cavalheiros que viviam no castelo e os sacerdotes que, como maestros do saber, vivem no templo.

Na segunda fase, não se podendo mais contar com a serena aceitação dos melhores, esses valores desmoronam. Passa-se então à *Zivilisation*, compreendida como a inevitável fase crepuscular e terminal de cada ciclo. Assiste-se ao predomínio da massa homogênea, que toma o lugar e o poder que antes eram reconhecidamente confiados aos melhores. A quantidade substitui a qualidade. Protagonistas e símbolos tornam-se a máquina, o dinheiro e a finança, que dominam o intrincado da metrópole cosmopolita e tentacular na qual o homem vive no interior de mecanismos que o privam do impulso vital de origem, aquele que leva cada ser a interpretar a si mesmo na sua vivência histórica, qualquer que seja o local geográfico, temporal ou social que lhe coube por sorte[2].

Para Sigmund Freud, que recusava qualquer distinção entre *Kultur* e *Zivilisation*, em polêmica aberta com as ideias sustentadas por Spengler,

> a civilização humana [...] compreende de um lado todo o saber e o poder que os homens conquistaram com o fim de dominar as forças da natureza e de arrebatar os bens para a satisfação de todas as necessidades humanas; de outro, todas as regras necessárias com o fim de regular as relações dos homens entre si e, em particular, a distribuição dos bens obtidos[3].

Agora é um fato aos olhos de todos que a grande profusão das mercadorias produzidas, fluindo ininterruptamente para os mercados, contribui para redesenhar a paisagem, modificar continuamente o ambiente, chegando até mesmo a caracterizá-lo.

2. Oswald Spengler, *Il Tramonto dell'Occidente*, Milano: Longanesi, 1970.
3. *Il disagio della civiltà*, Torino: Bollati Boringhieri, 1980, p. 12.

A revolução aluvional das mercadorias, consequência direta da industrialização, desenvolveu-se indubitavelmente na direção da *Zivilisation* e de sua duradoura prevalência, em prejuízo daquele bem mais elevado desenvolvimento que poderia ter conduzido à prevalência da *Kultur*. Nesse caso, poderíamos ter gozado de um desenvolvimento compreendido como afirmação "das realizações e das regras que diferenciam a nossa vida daquelas dos nossos progenitores animais"; um desenvolvimento que teria favorecido o crescimento da "beleza, limpeza e ordem [...], cultivando as mais altas atividades psíquicas, sejam elas intelectuais, científicas ou artísticas".

No entanto, parece mesmo que os homens foram conduzidos, a partir do próprio Ocidente, onde sempre prevaleceu o pensamento filosófico "idealista", a fazer escolhas orientadas por um "hedonismo" tanto pragmático quanto míope e às vezes boçal, que procura o prazer mais nas mercadorias do que na reflexão filosófica.

É muito provável que Freud tenha razão e que existam profundas analogias entre os mecanismos reguladores dos instintos pulsionais, mesmo daqueles não diretamente ligados à esfera sexual. Escreve Freud:

> A incivilidade nos aparece como um processo peculiar ao qual a humanidade é submetida [...] e que podemos contradistinguir mediante as modificações que ela produz nas aparentes disposições pulsionais do homem, cuja satisfação é a tarefa econômica de nossa vida"[4].

A correta organização e o controle dos próprios impulsos são a premissa para uma relação não neurótica com o universo das mercadorias. Uma relação equilibrada com as mercadorias permite escapar aos riscos de uma "frustração civil" causada pela falta de satisfação desses impulsos e o consequente e possível estancamento dos mecanismos de sublimação, repressão e remoção. Mecanismos esses que

4. Idem, p. 13.

representam o preço que o homem deve pagar para conseguir transformar o conjunto inicial dos seus impulsos e dos seus instintos, e a natureza selvagem originariamente circundante, em um conjunto ordenado por regras e obras que traça o itinerário da barbárie à civilização.

Nos ensaios contidos em *O Mal-Estar na Civilização*, Freud defronta-se justamente com os termos desse desencontro dialético[5], que, a meu ver e com a anuência do inventor da psicanálise, são repostos em um nível ulterior, mas fundamentalmente invariado, mesmo na situação do homem consumidor. Que não pode se liberar, mesmo na sua versão mais evoluída de hedonista virtuoso, dessa irresoluta alternativa esquizoide descrita por Spengler, que o vê condenado a oscilar entre a adesão à "civilidade das regras" (*Kultur*) e o empenho na edificação da "civilização das obras" (*Zivilisation*).

Configura-se um possível equilíbrio graças ao desenvolvimento de um "individualismo hedonista", segundo a hipótese descrita por Edgar Morin:

> Em seguida, o individualismo propriamente dito separar-se-á da cepa humanista do qual deriva. Assumirá assim formas aristocráticas ou estéticas (o "culto do Eu") e, sobretudo, formas burguesas, as quais se democratizarão no individualismo hedonista, favorecendo aqueles processos econômicos e sociais que, a partir do fim do século XIX, acabam por romper com as velhas solidariedades, com a automação dos indivíduos, trazendo os meios materiais e as técnicas do "bem-estar"[6].

Se é verdade, como sustenta Freud, que "no processo evolutivo do homem o programa do princípio do prazer – encontrar satisfação e felicidade – é constantemente considerado como meta principal"[7], então é importante começar a pensar nos traços constitutivos do hedonista, daquele homem que conseguirá reagir e não ficar submerso pela maré

5. Idem, ibidem.
6. *Pensare l'Europa*, Milano: Feltrinelli, 1987.
7. Op. cit., p. 14.

montante das mercadorias, recusando com ação e com empenhos intelectual e cultural o papel reduzido de mero consumidor que o sistema lhe gostaria de confiar.

Se é aceita a hipótese sustentada por Arnold Gehlen, então a cultura é o verdadeiro ambiente natural do indivíduo e do grupo. Graças à sua capacidade de viver de acordo com um projeto, e não de acordo com o instinto, o homem prevê, organiza e transforma continuamente a natureza circundante, o seu ambiente, até fazer coincidi-lo com sua própria cultura.

O hedonista é o homem capaz não só de contribuir com esse contínuo processo de transformação, mas também de interpretá-lo utilizando com competência os produtos, fruto do trabalho dos seus similares e do milagre da vida sobre a terra. O hedonista resgata o homem do papel de produtor-consumidor, inserindo no processo evolutivo o conhecimento de quem sabe transformar o ambiente circundante com o contínuo aporte de produtos dos quais conhece a origem e o uso. Produtos que não somente vêm a ser consumidos, mas também entendidos e assumidos como instrumentos necessários para se realizar uma transformação destinada a culturalizar cada escolha e cada gesto a serviço de uma ideia de desenvolvimento como "civilidade" (*Kultur*), e não como "civilização" (*Zivilisation*).

Desse hedonista, do seu papel, da sua evolução, voltaremos a falar em um dos próximos parágrafos.

3. AS FASES DO DESENVOLVIMENTO

Engenheiros e Fábricas

Do início da Revolução Industrial até a Primeira Guerra Mundial, por mais de um século, o problema fundamental foi produzir sempre mais, de maneira sempre mais automática e organizada.

Produzir industrialmente significa, entre outras coisas, conseguir tornar a quantidade de produtos menos dependente do número de pessoas que se dedicam à produção. Na primeira fase da Revolução Industrial, nasce a manufatura como local onde concentrar e organizar o trabalho de transformação das matérias-primas em produtos acabados. A união de funções e de operações feitas em locais diferentes e distantes entre si cria as premissas para os primeiros aumentos de produtividade, obtidos por meio de divisão do trabalho.

Sucessivamente, a chegada das máquinas faz evolver a produção, substituindo os gestos manuais pelos automáticos e assim transformando a antiga manufatura em fábrica moderna. A fábrica tornou-se então o templo no interior do qual ganhou forma a moderna liturgia do produzir, para cuja definição e cujo aperfeiçoamento contribuíram de forma determinante gerações de técnicos e, sobretudo, de engenheiros.

O engenheiro tornou-se o grande sacerdote da fábrica, desse local de uma nova sacralidade, desse templo do produzir. Foi o engenheiro o primeiro artesão-protagonista e oficiante da missa, da prática e da teoria da produção industrial. Foi ainda o engenheiro o guerreiro-sacerdote da nova religião fundada sobre o rápido acúmulo do capital e da mais-valia, que depois teria conhecido, em tempos muito acelerados, os seus "ismos" e cismas e suas reformas e contrarreformas produzidas quase sempre por barbudos economistas (grande-sacerdote-engenheiro-tipo: Michael von Dolivo-Dobrowolski, da AEG).

Por mais de um século, o problema de produzir superou qualquer outro problema industrial, estimulando sucessivas revoluções tecnológicas com a passagem da mecânica para a eletrotécnica, dessa à eletrônica, aos transistores, aos microprocessadores, aos computadores, à robótica. Hoje, produzir não constitui mais um problema, dado que, mesmo que sempre exista algo que possa e deva ser atualizado e melhorado do ponto de vista tecnológico, existe agora uma "literatura" da produção, que enquadra, testemunha, suporta e define uma verdadeira e típica cultura da produção industrial. O fato de, por tanto tempo, a produção, o produzir, o produto terem ocupado uma posição tão relevante no desenvolvimento geral da humanidade não podia não comportar grandes mudanças econômicas, sociais e políticas, mas antes, e sobretudo, culturais e, portanto, semânticas e linguísticas. A nossa maneira de pensar e, portanto, de falar está ainda profundamente impregnada do hábito de considerar a produção como elemento central e estimulante de qualquer mecanismo de desenvolvimento. E permanecerá ainda por muito tempo, mesmo tendo se deslocado para outro lugar, nesse ínterim, o centro do impulso evolutivo. Basta pensar em quantos termos e costumes, herdados dos tempos nos quais a agricultura ocupava o lugar de motor econômico e cultural, ainda estão em uso, mesmo que a agricultura tenha perdido a importância determinante de que por séculos se revestiu.

É por isso que, hoje, quando pensamos em um "produto" nos referimos quase sempre, implicitamente, a um manufaturado tridimensional, fruto de certa transformação industrial. Mas mesmo um projeto é um produto, quando é o resultado final do trabalho de um engenheiro ou de um arquiteto; também um plano de marketing é um produto, obra de uma pessoa com responsabilidades de distribuição; assim também uma viagem aos trópicos ou um plano de investimento em ações e obrigações são produtos sem consistência material, que não saem de uma cadeia de produção industrial, sendo antes fruto do trabalho de uma agência de viagens ou de uma sociedade financeira. É evidente que produto é um termo monopolizado a partir de agora por certo modo de produzir que é aquele industrial, sinal e marco característico dos últimos dois séculos.

Cientistas e Energia

Não só os mecanismos da produção tinham dado os primeiros passos, como também tomado resolutamente o rumo da consolidação e do desenvolvimento. Após anos em que foram ajustadas as técnicas necessárias para tornar possível e eficiente a produção – tendo se aprendido o que fazer, como fazer, onde fazer, com quais utensílios e maquinaria, e em quais tempos de trabalho –, pôs-se então o problema de se produzir a custos sempre mais baixos, permitir a máxima difusão e ampliar os consumos. Logo apareceu a clara e urgente necessidade de se obter fontes de energia a bom preço, de modo a permitir às fábricas uma produção de mercadorias não só abundante, mas também a custos reduzidos, premissa indispensável para sua expansão. A procura de fontes de energia sempre mais abundantes e o ajuste das técnicas de aproveitamento das fontes de energia e dos transportes foram obra dos cientistas, aos quais foi confiada a honra de colher o testemunho do desenvolvimento das mãos dos engenheiros e levá-lo avante.

O cientista tornou-se então o novo teocrata que carrega nos ombros as vestes de grande sacerdote do desenvolvimento, substituindo-se ao engenheiro para completar e aperfeiçoar a obra (grande sacerdote-cientista-tipo: Niels Bohr).

Se para definir e aperfeiçoar a fábrica como local de produção foram necessários cerca de 150 anos de evolução técnica (mas também de transformações sociais, econômicas e políticas), para tornar acessível às indústrias fontes de energia a baixo custo, foram necessários muito menos. O primeiro poço de petróleo foi perfurado em 1859; no início do século XX, foram ajustados os processos que permitiam o desfrute do *cracking* catalítico; nesses mesmos anos, teve início o fantástico desenvolvimento do átomo.

Se a fábrica permaneceu como o local onde se produzia e, portanto, como o destino das melhorias tornadas possíveis pelo trabalho dos cientistas, o local em que elas se operaram e que substituiu a fábrica como novo espaço sagrado, como novo templo, foi a universidade e seus centros de estudos e pesquisas, nos quais o trabalho teórico e prático dos físicos, químicos, filósofos e economistas criava as bases e fornecia os endereços para o desenvolvimento dessa segunda fase da história do produto industrial.

Por terem conseguido ser os primeiros a completar e tornar eficiente essa transformação, os Estados Unidos obtiveram sucesso de maneira determinante na Segunda Guerra Mundial.

Os soldados americanos venceram porque estavam armados não só de muitos produtos bélicos, mas de produtos necessários para viver, e não somente para matar e morrer. Não é, pois, tão paradoxal que de um ponto de vista estratégico, não exclusivamente militar, produtos como a Coca-Cola e o

Jeep tenham tido uma importância igual e talvez superior à da bomba atômica. Eles aparecem hoje como o verdadeiro prólogo da ditadura econômica e o advento do grande mercado global, enquanto a bomba não foi senão um trágico epílogo de uma estratégia militar incapaz de unificar com as armas um mundo dividido.

O grande cogumelo apocalíptico de Hiroshima se dissolveu concluindo dramaticamente um conflito que contrapôs confusamente duas hipóteses antagônicas de domínio. Uma, aquela que perdeu, simbolizando uma obra fechada, dedicada a vencer com armas o controle territorial sobre o mundo, para depois poder impor o próprio modelo e os próprios produtos. Outra, aquela vencedora, simbolizada por uma obra aberta, convencida de poder invadir o mundo com a força da própria economia e das próprias mercadorias, para obter assim, ainda que indiretamente, o controle, propondo-se ao mesmo tempo como modelo. O Plano Marshall teve como prelúdio a invasão das mercadorias, com a qual se iniciou uma terceira fase, que via a Europa assimilar e readaptar os modelos já experimentados nos Estados Unidos da América nos anos precedentes à guerra.

O Homem de Marketing e o Mercado

Após ter ajustado os mecanismos que dirigiam a produção e haver encontrado a maneira de reduzir os custos, era preciso agora aprender a distribuir os produtos, fazendo as pessoas, antes de tudo, os conhecer, serem induzidas a desejá-los, os procurar e facilmente encontrá-los e, enfim, os comprar. O experto em distribuição, o homem de marketing, toma o lugar que foi do cientista e antes do engenheiro para se tornar o novo grande sacerdote que celebra os seus ritos no espaço aberto do mercado, erigindo os seus templos em forma de grandes lojas, supermercados e lojas de departamentos. É ele que amplia às dimensões atuais os espaços comerciais, realizando uma síntese sinergética de excepcional importância que combina os efeitos da Revolução Industrial com aqueles não menos importantes da Revolução dos Transportes. O homem de marketing sabe impor os produtos capazes de responder às necessidades das diversas faixas do mercado, mas opera também indo além dessas necessidades, pois sabe suscitar e induzir novos desejos, para os quais já tem a sua resposta em forma de produto.

O cinismo característico desse novo poder representa, tudo somado, um modo pacífico de manipular as consciências com o fim de estimular a capacidade dos consumidores, aos quais se deixa, pelo menos aparentemente, o direito e o privilégio de ter e manifestar sempre novos e sofisticados desejos. Mas o novo poder se reserva a tarefa de explicar o porquê do surgimento desses novos desejos e não o de outros (fase psicanalítica), sugerindo, por conseguinte, os produtos aptos a satisfazê-los por meio da mídia e da comunicação promocional, mais ou menos direta, mas sempre guiada e orientada (fase publicitária), e oferecendo-lhes, enfim, formas mais refinadas e atraentes de embalagem e de *display* (fase comercial).

O homem de marketing é o grande difusor de uma homogeneizante uniformidade dos consumos, que tem os seus símbolos nos jeans, na Coca-Cola, no *rock'n roll*, no pacote turístico e em todos aqueles usos indiferentes que, sempre mais, vão definindo e ligando os inumeráveis pedaços do Velho Mundo dividido, que sobrevive em formas estereotipadas, sempre perceptíveis em filigrana, mas agora incapazes de contrastar a ideia vencedora que se apresenta na forma de grande mercado global e homologado por homens, capitais, mercadorias, usos e costumes (grande sacerdote-homem de marketing-tipo: Philip Kotler).

Malgrado a importância da sua operação e a capilaridade das consequências que ela traz consigo, o homem de marketing torna-se um personagem secundário, um grande sacerdote por delegação, que não controla de maneira direta e autônoma as alavancas do poder, que permanecem coladas nas mãos dos patrões das fábricas. Estes, graças justamente às transformações estruturais realizadas pelos homens de marketing, com a grande e capilar expansão das mercadorias, chegam a consolidar o seu controle sobre o sistema e o seu poder, até agora fundado sobre a total propriedade das fontes de produção, fazendo avançar o poder financeiro, que, além de garantir o controle das fontes de produção, permite manobrar enormes massas de riqueza em forma de capital financeiro. Ao equilíbrio dessa massa de valores e de poder concentrada em poucas mãos encontra-se hoje subordinado o equilíbrio econômico e político do mundo inteiro.

Estetas, Estilistas e Designers

Cento e cinquenta anos de engenheiros para aprender a produzir, cinquenta anos de cientistas para encontrar a maneira de fazê-lo a custos reduzidos, quarenta anos de homem de marketing para ajustar sistemas de distribuição e de venda capazes de garantir a máxima difusão das mercadorias produzidas. Chegamos assim aos anos de 1960, durante os quais se consolida até tomar forma de *leadership*, reconhecida a última fase que determina a posterior renovação no poder para influenciar e conduzir a marcha do desenvolvimento. As roupas do grande sacerdote vestem os ombros de um novo e surpreendente personagem: o esteta. É ele quem, fechado em seu estúdio ou ateliê, coloca sua noção de beleza no centro do sistema de decisão. É ele que continuamente manipula e orienta as fronteiras do gosto, projetando não só os produtos, mas também o *showroom* e as lojas e, sobretudo, os eventos necessários à celebração dos ritos do novo sobre um palco virtual vastíssimo e para um público enorme.

O templo torna-se o teatro da beleza, onde qualquer um pode sonhar tornar-se protagonista. Um teatro acessível a cada pessoa e que permite a cada um vestir-se com os panos de sonho do personagem de seus desejos. É o esteta que com força persuasiva da sua sugestão nos induz a escolher entre diversos relógios, todos agora igualmente precisos. É ele quem oficia como designer ou estilista, juntamente com as grandes agências de publicidade ou de *corporate image* (grande sacerdote-esteta-tipo: Raymond Loewy).

Se é verdade, como argumenta Freud, que "beleza, limpeza e ordem ocupam claramente um lugar particular entre as solicitações de civilidade"[1], pode-se agora entender como e por que esses novos grandes sacerdotes da civilidade – designers e estilistas – gozaram de uma popularidade que nenhum dos seus predecessores teve a sorte de conhecer.

Àqueles que contribuíram para levar à vida de qualquer anônimo sem rosto um pouco de *beleza*, aos estetas que com a faísca do bom gosto souberam acender a grande chama das formas e das cores, modificando a paisagem doméstica com milhares de objetos, liberando fantasia e beleza na maneira de se alimentar, de decorar e de se vestir, a esses se dirigem hoje reconhecimentos que nunca antes foram concedidos a engenheiros, cientistas e homens de marketing.

O ingresso prepotente do *belo* na economia está se realizando progressivamente por meio do aporte de estilistas e designers ao se reprojetar boa parte da paisagem com produtos de uso cotidiano e doméstico e, mais geralmente, pondo um cuidado antes desconhecido na definição formal de todos os objetos – e não só daqueles que mobiliam casas. Hoje se desenha de tudo, não só aquilo que entra nos três itens – alimentação, moda, decoração – que conduzem as nossas exportações e são determinantes na definição da nossa imagem no exterior. Desenham-se também as máquinas operatrizes que servem para produzir outras máquinas, tanto que a pesquisa e o gosto pelo belo se difundem com a expansão dos milhões de objetos que essa nova e universalmente aceita estética do produto industrial continuamente retira do forno. Essa explosão de valores formais, não mais relegados aos nobres e secretos espaços da arte, mas presentes também nos

1. *Il disagio della civiltà*, Torino: Bollati Boringhieri, 1980.

mais simples produtos de uso comum, está fazendo crescer uma sensibilidade diferente, induzindo um comportamento diferente no homem da rua no momento em que é chamado a fazer as suas escolhas de consumidor. Tudo isso é fruto dos efeitos do fenômeno provocado por aquela "reprodutibilidade técnica" bem analisada por Walter Benjamin[2].

Eis agora que, tanto surpreendente quanto indubitavelmente, se assiste a um gradual refinamento do gosto e um envolvimento consequente do indivíduo, passando da posição de consumidor passivo, mera entidade estatística, incapaz de exprimir uma orientação articulada no plano do gosto e da apreciação do belo, para atitudes mais maduras de consumidor ativo, participante e inteligente.

O consumidor, no momento em que percebe que as mercadorias presentes no mercado podem contribuir para sua busca consciente de prazer, um prazer procurado como equilíbrio pulsional, e não só como capricho, gradualmente se transforma em hedonista. Um hedonista capaz de se mover na floresta de mensagens virtuais e de mercadorias reais com crescente autoridade e discernimento.

A passagem de consumidor a hedonista presume um *aprendizado por hábito*, similar àquele que conduz as crianças a uma incrível familiarização com o computador ou os espectadores televisivos a navegar entre os diversos canais de TV para fugir e recusar as mensagens publicitárias consideradas inúteis, desagradáveis ou muito repetitivas.

A presença assídua, mesmo que não procurada nem desejada, de produtos portadores de variados graus de beleza realiza um aprendizado de hábito tão automático quanto imperceptível e contínuo em um número sempre crescente de indivíduos. Começamos a viver num mundo onde a beleza não será mais hóspede exclusiva de palácios aristocráticos e museus. E qualquer um que deseje hoje entender e conhecer qualquer cidade estrangeira tem diante de si um itinerário

2. *L'opera d'arte nell'epoca della sua riproducibilità*, Torino: Einaudi, 1966.

ideal, aparentemente híbrido, feito de monumentos, igrejas, museus, restaurantes e lojas. Fato que é o resultado dos locais onde hoje é possível gozar da edificante contemplação do *belo*, aquele duradouro e reconhecido historicamente, e aquele efêmero e transeunte que é o nosso contemporâneo; aquele sacro e aquele profano, aquele só para olhar e contemplar, e aquele que se pode também comprar e usar.

O universo dos produtos industriais está concluindo a sua quarta parábola, tendo cumprido aquilo que por anos tinha sido o objetivo frustrado das ideias debatidas em torno do *industrial design*. Hoje, a introdução intencional de ingredientes criativos no ajuste dos produtos industriais é coisa já conquistada. Apesar do diferente nível criativo nas intenções da maior parte dos produtores, está quase sempre presente algo que se assemelha àquela *Kunstwollen,* sobre a qual Alois Riegl escrevia no início do século XX: "muito mais elementar que a necessidade de proteger o corpo com produtos têxteis é a de adorná-lo"[3].

A ênfase dada aqui a essa transferência de *ingredientes estéticos* aos produtos de uso corrente não deve fazer esquecer o grande trabalho desenvolvido contemporaneamente pelos designers e estilistas sobre materiais, processos produtivos e aspectos mais propriamente funcionais dos produtos.

O setor do móvel e da decoração em geral, assim como o de roupas, são talvez aqueles nos quais aparece com mais evidência o resultado do trabalho de designers e estilistas. Certamente, tal se deve ao fato de que os móveis e as roupas são bens que apresentam, por sua própria natureza, um elevado grau de representatividade, o que frequentemente termina por se tornar mais importante do que a própria função de mobiliar ou de vestir.

Moda e mobiliário contribuem de maneira determinante para definir a *Darstellung*, a entrada em cena de qualquer um, aquela representação individual e privada

3. *Problemi di stile*, Milano: Feltrinelli, 1963.

voltada a satisfazer tanto o desejo de identidade e unicidade quanto a própria adesão manifestada a esse ou aquele modelo ou grupo.

A contribuição dos designers à indústria do móvel e do objeto de decoração e a dos estilistas à indústria têxtil e da moda têm contribuído notavelmente para transferir elementos e valores estéticos, culturais e de gosto, não só nos diferentes produtos, mas também no interior do ambiente industrial e produtivo.

O convívio com os designers e estilistas, além de tudo, modificou visivelmente muitos comportamentos no interior das fábricas, em muitas das quais se instaurou uma aliança significativa entre criatividade de projeto e produção iluminada. A grande criatividade projetiva, de valores formais e de bom gosto, transferida para o interior do sistema de produção, fez desenvolver notavelmente a indústria da decoração e da moda, liberando-as do peso daquela subcultura de engenharia organizacional que, erroneamente, ainda hoje considera a fábrica como um espaço fechado, umbigo do mundo. E que pensa a cultura como algo que pode, na melhor das hipóteses, servir para preencher espaços e tempos mortos do pós-trabalho, mas acha que seria perigoso e poluente misturar negócios e coisas sérias, como o produzir ou o vender. Designers e estilistas trouxeram a beleza para os objetos ou, ao menos, a questão do "bom gosto" para o centro da atenção; desfizeram a dúvida de que as coisas podem e devem ser também agradáveis à vista e ao tato, sem se tornarem difíceis de produzir, mais caras ou menos vendáveis. Isso fazendo, certamente sensibilizaram para o belo ou pelo menos para o respeito ao belo uma parte importante do universo dos empreendedores e responsáveis pelo trabalho no mundo sério do *business*; um mundo para o qual se punha o problema da coisa bem feita, mas fora de qualquer possível consideração estética. Graças aos designers e estilistas, também outros setores industriais, e sobretudo o mercado dos compradores, vai gradualmente se orientando para aquele sentido específico do belo ao qual se referia G. W. F. Hegel, quando escreve que o desejo da beleza "não pode ser um instinto cego e sensivelmente determinado pela natureza, o qual distingue já em si e por si o belo. E assim, com esse sentido, foi requerida uma *educação*, e o sentido educado da beleza foi chamado de *gosto*"[4]. E foi justamente para formação de um gosto *como sentido educado da beleza* que trabalharam nesses últimos trinta anos aqueles que entendiam possibilitar às pessoas morar em casas melhor decoradas e se vestir com roupas mais cômodas e elegantes. Infelizmente, esse transplante de elementos culturais e de gosto aconteceu somente em alguns setores manufatureiros e quase sempre limitados à atividade de produção, porque foi justamente no plano da produção que os designers intervieram, enriquecendo a produção industrial com bom gosto e novas ideias.

A distribuição e o consumo, ao contrário, não gozaram, na mesma medida, de uma contribuição estimulante de criatividade e, portanto, ficaram para trás, incapazes de inserir elementos culturais em seu fazer e muitas vezes até de formular um projeto coerente e individualizar os próprios objetivos.

Se a distribuição e o consumo tivessem podido se valer de contribuições de projeto equivalentes àquelas que a produção recebeu dos designers e estilistas, todo o sistema das mercadorias teria conhecido um desenvolvimento mais harmonioso, e tanto a linguagem quanto os comportamentos teriam certamente com elas uma vantagem.

Para que isso pudesse se verificar, os responsáveis pelos trabalhos do "sistema distributivo", quer dizer, os diretores comerciais e de marketing, os negociantes, os representantes e todos aqueles empenhados em trabalhar na transferência de produtos dos locais de produção para aqueles de utilização final, deveriam ter se formado em estudos de humanística, história e sociologia.

4. *Estetica*, Torino: Einaudi, 1977.

Em vez disso, a distribuição ficou confiada, e ainda em boa parte permanece, a pessoas capazes – na melhor das hipóteses – de se exprimir em uma cultura profissional inadequada, porque construída sobre a experiência de modelos organizativos adequados para outros setores mercadológicos e sobre conhecimentos de marketing teórico e operativo muito abaixo da riqueza especulativa e cultural, que é patrimônio do arquiteto e do designer que se ocupam de projetar para a produção. Faltou à distribuição e ao marketing o aporte de uma escola de sociologia em condições de educar e encaminhar para a atividade comercial pessoas preparadas do ponto de vista cultural, de modo a poder resistir ao risco da gíria mental e semântica de certa subcultura do marketing para detergentes, dentifrícios e sabonetes. Subcultura que tende, porém, a fornecer os modelos aos quais se referem quase todos os encarregados da distribuição. Significativa nesse aspecto é a falta de estímulo, de provocação, de promoção e debate que deveria e poderia ter assumido a imprensa, principalmente aquela especializada.

Ao contrário, salvo poucas exceções, as revistas se limitaram a descrever sobretudo os dois momentos extremos: o lançamento e o término. De modo que texto e imagens das revistas de decoração e de moda mostram e às vezes discutem e investigam a relação entre projeto e produção, ou então ilustram o resultado final, reproduzindo as imagens das casas melhor decoradas ou das senhoras melhor vestidas. Pouco ou nada se diz do que acontece no meio; da distribuição não se fala quase nada, indo raramente além da ilustração deste ou daquele novo negócio de *showroom*. No entanto, mesmo sem o suporte e o impulso de uma verdadeira e própria cultura da distribuição, atenta aos problemas particulares colocados pelo produto de bom gosto, um número continuamente crescente de manufaturados incorpora agora, e transporta consigo, elementos relevantes de qualidade formal. Esse fato torna urgente e evidente a necessidade de um conhecimento mais elevado e de competência mercadológica por parte, obviamente, dos gerentes de distribuição, mas também por parte da grande massa dos compradores finais.

Talvez as escolas de design tivessem que repensar o próprio papel, para ampliá-lo e estendê-lo. Deveriam pôr-se entre os objetivos a alcançar, além daquele institucional de ensinar a projetar, também aquele de ensinar a distribuir, vender, comprar e, depois, consumir. Em outras palavras, deveriam ensinar a utilizar melhor o design.

Um mercado habitado por pessoas com um grau mais elevado de informação e conhecimento do fenômeno design, da sua história e de sua essência, é um objetivo a ser perseguido no interesse da qualidade em geral, da própria produção e do desenvolvimento econômico.

A formação dos quadros dirigentes comerciais com uma preparação cultural sempre melhor em torno do fenômeno design não pode estar ausente dos objetivos de uma escola de design. E a coisa teria que resultar ainda mais fácil, quanto mais não seja, caso se considere que a quase totalidade das escolas de design são privadas e estão inseridas em um contexto sadio de empreendimento, que deveria encontrá-las sensíveis às solicitações e oportunidades que o próprio mercado sugere.

Entrevê-se agora um novo período que talvez dure menos ainda do que os precedentes. Bem entendido, somente perdendo o privilégio de dar caráter ao seu tempo os estetas ficam em seus lugares celebrando seus ritos, assim como ficaram os especialistas de marketing, os cientistas e os engenheiros antes deles. Uma nova substituição se prenuncia.

Hoje, é o hedonista que se prepara para vestir as vestes do grande sacerdote.

O Hedonista e o Ego

Hedonismo (do grego *hedone*, prazer) é o termo que designa uma concessão moral, que identifica o bem com o prazer. O hedonismo foi teorizado por Aristipo de Cirene, epígono de

Sócrates e chefe de escola dos cireneus, desenvolvendo o tema socrático do caráter deleitoso do bem. Mas o hedonismo foi também criticado ao longo de todo o arco da história da filosofia e, em particular, por Kant, segundo o qual a moralidade não pode ser acompanhada do prazer. Mais recentemente, Freud reconheceu no hedonismo o mérito de ter sublinhado os aspectos pelos quais o prazer pode representar um valor em função do "desenvolvimento harmônico do indivíduo".

Eis que, se finalmente se põe como problema central o desenvolvimento harmônico do indivíduo, torna-se fundamental o papel do novo sacerdote-hedonista, o papel daquele que pode contribuir para reequilibrar a relação entre indivíduo-consumidor e mercado-manipulador. O hedonista reclama para si, e portanto para o mercado, o papel de grande sacerdote, no qual se sucederam até aqui diferentes protagonistas, mas todos operando na vertente produção, enquanto ele chega na vertente do mercado e do consumo.

Um hedonismo sadio talvez possa ser a chave para permitir a qualquer um a procura por aquelas harmonias simples e individuais que se conseguem quando se aprende a filtrar e interpretar a enorme quantidade de mensagens e solicitações que o mercado propaga; e permitir que cada um controle, além disso, seus próprios problemas de Édipo e Narciso, de máquina que produz necessidades e desejos. Hedonismo como cultura de uso, como sistema de regras, de conhecimentos e de informações para aprender o que procurar e onde encontrar.

O hedonista não se interessa pelos produtos que respondem às necessidades, estando mais atento aos produtos que respondem aos desejos, sendo atraído de maneira irresistível por produtos que não respondem a nada, nem a necessidades nem a desejos, por produtos que estimulam perguntas, antes de fornecer respostas. O hedonista faz do seu consumo a sua cultura, construindo então, com gestos qualificados de comprador e escolhas meditadas de consumidor, uma verdadeira e própria *Umwelt,* um ambiente individual em harmonia consigo mesmo e com o desenvolvimento pessoal, que não pode prescindir de maciças doses de autoanálise. Do "que fazer?" leninista ao "o que fazer disso?" de cada um, porque o espaço por anos e anos ocupado pela militância e pelo engajamento ideológico agora está vazio. E porque é nesse vazio, no espaço deixado pelo desengajamento, seguido pela grande desilusão causada pela falência do grande projeto ideológico, que hoje encontra discípulos o novo rito do consumo culto, oficiado por si mesmo, pelo indivíduo hedonista, sacerdote de si próprio.

Após gerações e anos de trabalho para aprender primeiro a produzir e depois a ganhar, chegou o momento de ir à escola de consumidores. É preciso aprender a gastar, aprender a comprar, que é coisa mais difícil do que não saber vender e ainda mais difícil do que gastar. E isso é confirmado pelo grande número de indivíduos que, mesmo tendo aprendido a vender, conseguiram ganhar muito dinheiro, sem porém conseguir gastá-lo de maneira decente, porque afligidos por uma antiga ignorância, quase sempre acompanhada de um péssimo gosto crônico, que os leva a lotar as lojas de coisas *kitsch*.

O verdadeiro hedonista, ao contrário, aquele que conduziu a bom termo o seu "desenvolvimento harmônico", não ama os aglomerados e a multidão proletária, burguesa ou de elite, qualquer que seja; prefere o *understatement*. O hedonismo não é um exercício coletivo, mas sobretudo individual. O hedonista maduro sabe o que quer porque aprendeu a organizar os próprios desejos; sabe onde e o que procurar; sabe com quem dividir o seu prazer. Escolhe o seu parceiro ou os parceiros como escolhe os vinhos, as comidas, as roupas, a rua onde morar e a praia onde passar as férias. Sabe, obviamente, como produzir renda, mas aprendeu também a conservar o dinheiro a uma distância justa, como se deve, como um instrumento necessário, mas não suficiente. Tem claro, enfim, que a sua sobrevivência, no que se refere a seu eventual desenvolvimento evolutivo para tornar-se *virtuoso*, depende da existência das garantias elementares oferecidas ao indivíduo pela democracia. O mundo ocidental, com a ordem social e política que nele prevalece, oferece o ambiente ideal ao hedonista orientado para as mercadorias e seu consumo. Não é assim, pelo menos até agora, o Oriente filosófico (China) ou político (URSS).

> Cumpre, porém, e sempre, advertir que a realidade não é uma régua, nem uma série de caixas: não tem marcas distintas, nem conhece separações absolutas. Quando, portanto, estabelecemos, para a nossa conveniência mental, "fases" e "períodos" na vida e na história, e indicamos certos fenômenos como sinais do princípio e do fim dessas fases, não devemos esquecer que esses fenômenos, que nos servem convenientemente de balizas, não são instantâneos mas prolongados; e que, assim, há um largo espaço em que duas "épocas" sucessivas se confundem e se misturam, a ponto de não podermos bem dizer se tal ano ou caso está em uma ou outra delas, ou se não estará, por assim falar, em as duas ao mesmo tempo. [...]
>
> [...] No mesmo século há países que estão vivendo em "séculos" diferentes; no mesmo país há regiões e camadas sociais que estão vivendo simultaneamente em "épocas" diversas.[5]

Essa longa citação me pareceu bastante sob medida para concluir este capítulo, dedicado a traçar um itinerário das fases do desenvolvimento industrial que, se conduz à descoberta do hedonista, deixa ainda amplos espaços de intervenção aos engenheiros, cientistas, homens de marketing, designers e estilistas. Ela, no entanto, se deve a um grande escritor esquecido por causa da periferia do país onde nasceu e viveu, e da consequente marginalidade da língua na qual escreveu a sua obra.

Pessoa nos lembra, com sua grande figura, enorme se vista sob o fundo da modesta dimensão do pequeno Portugal, que, paralelamente à história evolutiva (diacrônica) da humanidade, existe uma história do pensamento (sincrônica) do homem que se empenha em ser grande sacerdote de si mesmo no seu próprio templo, no espaço e no tempo que lhe é dado.

5. Fernando Pessoa, A Evolução do Comércio, *Obra Poética e em Prosa*, Porto: Lello & Irmão, 1986.

4. O PROJETO DE CONSUMO

Existe o risco de que o hedonista, visto como um consumidor consciente e maduro, ciente da necessidade de ser portador de seu *projeto de consumo* pessoal, aberto também às instâncias do *belo* e da qualidade estética, além das funcionais das mercadorias, resulte antipático e desleal, para lá de seus deméritos, por causa da deterioração semântica do termo, objeto de uma crítica secular feroz de grande parte do mais autorizado pensamento filosófico.

Foi necessário esperar o advento da obra revolucionária de Sigmund Freud para revelar e liberar a salutar e positiva influência de uma equilibrada gestão que o princípio do prazer traz consigo. Até então, um hedonista era identificado como um alegre individualista, socialmente perigoso e fátuo, privado de nervos e personalidade. Considerada, de todo modo, a permanência de uma impressão negativa no uso do termo, em razão da persistência de sua histórica reputação, pensei em reequilibrá-lo, atribuindo-lhe a qualidade de virtuoso. Proponho, portanto, definir *hedonista virtuoso* como o consumidor evoluído, vale dizer, aquele capaz de desenvolver aquele projeto que ainda não tem um modelo de referência digno de consideração, justamente o *projeto de consumo*, projeto central de uma civilização tão fortemente caracterizada pelas mercadorias e orientada para seu consumo, aquela que pode, a bom título, ser considerada uma espécie de veneração laica. De um consumo que, entretanto, sempre se apresenta muito desorientado e confuso, porque privado dos requisitos essenciais de qualidades necessárias para servir a cada ídolo, sacro ou profano que seja. O projeto de consumo inspira-se em uma estética individual capaz de oferecer a qualquer um uma real possibilidade de recusa nos confrontos com o sistema de mercadorias, organizando e harmonizando desejos e possibilidades econômicas em função de uma medida pessoal, expressa pelo gosto pessoal.

Se produzir e distribuir são funções nas quais o projeto está agora maduro ou, de qualquer modo, em condições de evoluir segundo diretrizes fundamentalmente já orientadas, o projeto de consumo propõe-se como ponto central do nosso sistema, o único no qual é possível efetuar intervenções de criatividade nova e com o qual se podem juntar estímulos e motivações capazes de permitir o alcance de novos e mais avançados equilíbrios. Que se pense, por exemplo, na Coca-Cola. Ela pode ser produzida em qualquer parte do globo, admitindo-se que já não o seja, graças a um projeto de produção que define detalhadamente tudo o que ocorre para reproduzir exatamente as virtudes características do produto original. O mesmo se pode dizer de sua distribuição, para a qual existe um projeto, em forma de manual, que determina os programas publicitários e as técnicas de transporte e estocagem. O projeto de design, enfim, definiu os mínimos detalhes gráficos e tridimensionais da embalagem e dos recipientes dos produtos, dos veículos para o transporte e assim por diante. Tudo foi, pelo menos, aparentemente projetado.

O único momento deixado à criatividade é mesmo aquele do consumo, e isso apesar do forte estímulo para homogeneizar o uso e a fruição do produto exercido pela publicidade, com a sua insistente proposta para definir situações estandardizadas e modelos canônicos de consumo. De fato, essa oportunidade de intervir criativamente do lado do consumo parece justamente não ter escapado a muitos consumidores proto-hedonistas de Coca-Cola que descobriram sozinhos os inumeráveis usos transgressivos e alternativos oferecidos pela garrafinha do produto.

Também o mercado televisivo oferece um exemplo indicativo de quais modificações de comportamento podem intervir na passagem do estágio de mero consumidor àquele de hedonista virtuoso. Em pouquíssimos anos, nos encontramos frente a uma multiplicação hiperbólica dos produtos oferecidos pelas reais e presumíveis alternativas por eles propostas. De maneira análoga, vertiginosa, foi o conhecido progresso tecnológico do setor. Uma evolução posterior, enfim, está em curso, graças à admissão no mercado dos videogravadores e aparelhos de alta definição que estão mudando as regras do mercado e do jogo. No interior dessa situação, de contínua atualização, é interessante notar a crescente margem de autonomia que o consumidor-espectador demonstra saber conquistar. Abandonado o comportamento "arcaico", que induzia o espectador a participar do espetáculo só como consumidor de programas fechados, de produtos e escolhas de outrem, prevalece lentamente a tendência de organizar o próprio consumo, munindo-se de uma coleção própria de DVDs. Cresce nesse ínterim a procura por programas especializados e qualificados, a qual se articula e se subdivide entre diversas classes de idade e entre indivíduos de diversas profissões e atitudes.

Para projetar, produzir e distribuir foram investidos, já há dois séculos, uma enorme quantidade de energia. É possível prever que, no futuro, irá gradualmente decrescer – ainda que relativamente – a demanda de energia para projetar objetos ou serviços; e para depois projetar sua produção e distribuição. Por um efeito normal de saturação, e pela aquisição de certo automatismo na troca, natural em qualquer sistema, serão liberadas energias que poderão ser reinvestidas no projeto de consumo. E desse investimento todos participaremos, mesmo que de maneiras diferentes, como é óbvio. E todos nós o faremos como hedonistas virtuosos, que aprenderam a conhecer e interpretar o universo das mercadorias que os circundam, sem se deixar manipular, conseguindo, ao contrário, obter o máximo prazer, orientados pelo próprio gosto. Gosto que cada um terá aprendido a refinar e a confiar-lhe o comando dos próprios impulsos e a função de termômetro e de sintetizador, graças ao qual pode controlar e orientar a procura contínua do próprio ponto de equilíbrio pessoal.

A quantidade de suor ou o cansaço acumulados não testemunham nem garantem a qualidade do trabalho desenvolvido; analogamente, saber comer não significa abusar de tudo em quantidade, e saber beber não equivale a embebedar-se. Assim, o saber consumir deve ser entendido, antes de tudo, como compromisso que requer um trabalho de preparação para afinar e harmonizar o gosto pessoal às próprias características físicas, psíquicas e sociais. Trabalho que depois deve continuar a produzir sistematicamente projetos de consumo com os quais harmonizar os impulsos individuais às disponibilidades econômicas, sob o controle e a orientação expressa do gosto de cada indivíduo consumidor.

Além desse trabalho, também contribuirá para formar os hedonistas virtuosos aquele processo automático de assimilação que defini como aprendizagem por hábito, e que age por meio do contato contínuo com as mercadorias e/ou com sua metáfora publicitária, contato do qual sempre será mais difícil subtrair-se.

No mundo futuro, o homem ocidental dedicará muito menos tempo ao trabalho do que as atuais sete ou oito horas ao dia, cinco dias da semana, enquanto que a organização do tempo livre e as férias não poderão, sozinhas, preencher todo o tempo que terá à sua disposição. É então previsível que uma parte desse tempo livre possa e deva ser absorvida por um novo trabalho, um trabalho que poderia ser, pelo menos em parte, o estudo dedicado a aprender a consumir. Será então, também para os indivíduos, um trabalho para ganhar e um trabalho para gastar, assim como, aliás, sempre acontece nas firmas onde se encontra um escritório de vendas e um de compras, que desenvolvem dois trabalhos de complexidade equivalente, ambos justamente considerados essenciais para garantir a vida, o desenvolvimento e, sobretudo, o equilíbrio de cada organismo empresarial.

O princípio do prazer leva naturalmente a esse compromisso essencial se, depois de se ter cansado de procurar meios materiais para satisfazer os próprios desejos, não se quer correr o risco de falhar por não se ter preparado oportunamente na procura e obtenção das mercadorias necessárias para satisfazê-los.

Arnold Gehlen, ao qual se devem algumas das análises relativas à não especialização do homem e à consequente redefinição do ambiente cultural como efetivo ambiente natural, desenvolveu outra interessante teoria: a teoria da liberação ou da exoneração (*Entlastung*). "Com dispêndio mínimo de energia e em prestações altíssimas e liberalíssimas, isto é, exoneradas, somos capazes de antecipar e reafirmar, de sintonizar e de comentar, de projetar e, portanto, de comprometer nossas atividades no trabalho em uma ação orientada"[1]. Logo, a liberação de energia que se destina a atividades criativas e lúdicas é possível por meio da disciplina e da ordem. Na base da teoria da liberação está a assunção voluntária de coações repetidas, capaz de permitir, mediante a decisão convertida em norma autoimposta, e aceita de uma vez por todas, saber quando, onde e como uma coisa deve ser feita, evitando hesitações e pausas de reflexão em todos os casos repetitivos e similares. Só assim será possível liberar energias de outro modo tolamente comprometidas para decidir e realizar coisas e gestos contendo um elevadíssimo grau de repetição no transcurso de uma vida inteira.

1. *L'Uomo*, Milano: Feltrinelli, 1983.

Encontrar-se pela manhã no banho, em frente ao espelho, a pensar em como organizar a simples função de barbear-se, talvez seja coisa aceitável aos quinze anos, mas se continua a fazê-lo aos trinta anos, é porque ainda não automatizou os próprios gestos, e se coloca a cada dia em questão se é melhor barbear-se antes e ensaboar o rosto depois ou vice-versa, então é provável que serão outros os que logo providenciarão a sua "exoneração".

O hedonista virtuoso o é de fato quando libera muitas das suas energias com o assíduo compromisso de adotar uma disciplina autoeducativa rigorosa, para depois poder investi-las na tentativa cotidiana de harmonizar o próprio princípio do prazer com valores éticos e sociais do tempo e do lugar em que vive. Com o seu agir, cria, além disso, as condições favoráveis para que uma disciplina semelhante e rigorosa de autoeducação seja assumida como modelo de conduta por parte dos demais protagonistas do cenário: produtores, distribuidores, estilistas e designers.

O hedonista virtuoso possui certamente uma *Weltanschauung*, uma visão do mundo, mas sabe também que ela não pode satisfazê-lo se permanece mero instrumento intelectual, desligado da vida e da realidade. Ele sabe que a vida e a realidade requerem um conhecimento preciso e uma elevada competência que lhe permitam atravessar e usar o sistema das mercadorias, sem ser condicionado e sem assumir danos. Graças à sua visão de conjunto, totalizante, o hedonista virtuoso consegue dar, com sua autocrítica, o peso e o significado de escolhas culturais e significantes a todos aqueles gestos comumente considerados banais, inúteis ou somente esnobes. Sabe, por consequência, escolher o queijo certo, assim como a roupa, o sofá e a lâmpada, e realiza essas escolhas com a consciência serena de ser ator e protagonista do próprio tempo, sem se desviar por pudores ideológicos ou fanatismos e fobias. O homem dedicado somente a produzir e consumir, o homem unidimensional de Marcuse, o homem compreendido como "máquina de desejo" de Deleuze e Guattari, o consumidor consciente de Galbraith ou de Nader são resgatados e elevados pelo hedonista virtuoso a um papel de maior respiro e mais vasto panorama, mesmo quando se trata claramente de uma ampliação da visão pragmática existencial, e não daquela filosófico-humanística. O hedonista virtuoso é um comprador em potencial, que alça voo no mercado e, certamente, ganha em visão e perspectiva. Naturalmente, tudo é muito relativo, portanto deve-se recordar que ele voa baixo, no espaço circunscrito da assim chamada cultura material, muito abaixo dos altos céus das ideologias, das filosofias ou das religiões. O seu voo é um voo à vista, quase sempre no cotidiano, com o escopo limitado de orientar-se melhor nos espaços todavia modestos do pragmático e do útil.

5. MÓVEIS E DECORAÇÃO

Como lembrei no início, este trabalho procura organizar reflexões e experiências de muitos anos vividos no interior do fenômeno design, especificamente o dos móveis e da decoração, do lado, porém, de quem projeta a distribuição para favorecer a venda e orientar o consumo.

Qualquer trabalho de projeto, mesmo aquele voltado para a correta distribuição, não importando qual tipo de decoração, desde que de bom design, consegue, na maioria das vezes, obter êxitos surpreendentes. É curioso, por exemplo, que tantas banalidades e tantos pequenos conhecimentos comuns, interligados, deem lugar a um tecido de inter-relações muitas vezes rico e interessante, certamente não banal. Parar para refletir é sempre um exercício salutar, e se é verdade, por oportuno lembrar, que uma bela poltrona não garante a felicidade, é também verdade que mesmo possuir o mais alto conhecimento filosófico não abre as portas do reino, nem repara os golpes do destino.

O importante é alcançar a harmonia e o equilíbrio, enriquecendo o próprio conhecimento e cultivando o próprio pragmatismo e também, por que não, aprendendo a mover-se dentro do sistema das mercadorias com a competência de um hedonista virtuoso. Vale dizer, com a competência de quem, por exemplo, sabe reconhecer e apreciar a peça de um bom design, assim como sabe selecionar e sabe, portanto, dirigir-se aos comerciantes e produtores de merecida confiança.

Foi dito que o design intervém em um campo específico que "é o espaço privilegiado onde a sociedade tenta sanar, por meio da criação de objetos, as suas contradições", de tal modo que "o mundo dos objetos (artifício) se configura como segunda natureza, lugar da procurada identidade". Nessa "segunda natureza", povoada por objetos de design, busquei por anos o meu ganha-pão e talvez, também, a minha identidade; e para fazer isso, agi e refleti muitas vezes para encontrar um equilíbrio entre empenho profissional, conhecimento, divertimento e vida.

Sempre pensei que para concluir um negócio fossem necessários pelo menos duas pessoas, de preferência com empatia. Qualquer um que se dedique a negócios pensa, antes de tudo, em assegurar para si as mais amplas vantagens, sem oferecer nada a ninguém. Pode acontecer que, sendo-se competente, observador e trabalhando-se para firmas sérias, se esteja disposto a gastar o seu tempo para fazer negócios "junto" com parceiros escolhidos, que gozem de confiança. E, todavia, excluir quem está ao lado, com a única preocupação de procurar negócios para outros, assumindo para si os encargos e despesas. Se todos os revendedores de móveis e decoração tivessem bem presente essa verdade, não encontraríamos exposições cheias de "negócios" invendáveis ou, de qualquer modo, dissonantes com a boa gestão. A esse respeito, o setor de móveis me faz lembrar um quadro de Breugel exposto no museu de Capodimone, em Nápoles. O quadro se intitula *A Parábola dos Cegos*; vê-se um grupo de seis cegos que se colocam em fila com o braço direito estendido para a frente para apoiá-lo no ombro do cego à frente.

O primeiro está caindo em um barranco e o seu vulto tem uma expressão de terror; o segundo sente que o apoio do de trás diminui e tem uma expressão de estupor; o terceiro está sereno e o último, sorridente. Se supusermos que os cegos correspondam a um produtor, um revendedor, um representante, um designer, um jornalista e um consumidor, não resta senão estabelecer em que ordem eles se precedem e quem é o primeiro. Para quem trabalha no setor, a metáfora não é assim tão árdua. Proponho uma hipótese de sequência: o primeiro é o consumidor, que agora está em queda livre; o segundo, que o aconselha e garante, é um jornalista do setor que, por sua vez, está motivado e sustentado por um designer, seguido por um representante, depois por um revendedor esperançoso, enquanto fecha a fila um produtor que sorri sem saber do que, ignorando o que acontece.

Na Itália, existem cerca de 22 mil firmas de decoração, das quais a metade já é muito e deveria desaparecer, coisa que teria ocorrido se fossem obrigadas a pagar os tributos sociais a todos os dependentes e o IVA (imposto sobre valor agregado) por inteiro. Das cerca de dez mil restantes, só uma exígua minoria desenvolve uma atividade capaz de remunerar seja o trabalho, seja o capital; a maioria, em vez disso, apresenta características mistas de comerciante, fornecedora de mercadorias e serviços, um pouco também de decoradora, capaz de oferecer muita disponibilidade e pouco profissionalismo. Produzindo, existem 2.500 artesãos e grandes artesãos, industriais e grandes industriais, que expõem no Salão do Móvel de Milão, além de uma pletora de artesãos e pequenos artesãos, também um pouco negociantes, que não frequentam o Salão. No meio estão dez mil representantes especialistas (de mentirinha); algumas centenas de jornalistas, na maior parte belas senhoras, com pelo menos um casamento no arquivo e muita vontade de independência; pequenos grupos de jovens gráficos, designers, publicitários, pós-modernos ou acadêmicos. Ao fundo, a maré dos anônimos, pequenos consumidores, divididos em "primeiro ninho" ou "segunda casa"; ou também conhecidos em várias partes da Itália como afluentes, emergentes etc. Desses, os responsáveis pelos trabalhos se apressam em identificar e prever as necessidades, desvalorizando o fato de que agora todos têm desejos, cada vez mais induzidos e, assim, bastante variáveis (antes queriam um móvel bonito e de madeira, depois colorido, agora o querem funcional e formalmente evocativo). Todos esperam dos encarregados dos trabalhos (projetistas, produtores e distribuidores) uma ajuda para aprender a distinguir e julgar e para entender de quais desejos se tem verdadeiramente necessidade, de maneira a procurar só esses e não outros, os falsos, aqueles que são removidos e rejeitados, e cuja aquisição não satisfaz. Essa necessidade de ajuda se traduz em um constante questionamento de credibilidade e confiança, que se manifesta de modo evidente cada vez que um potencial comprador entra em uma loja a esmo, atrás da ostentação de tudo saber e tudo conhecer (ostentação às vezes irritantemente carregada de arrogância), e termina sempre por revelar seu agudo desejo de abandono, sua grande vontade de confiar, de acreditar em tudo que lhe é dito e de ser aconselhado e orientado nas escolhas. Usuários, produtores e serviços interagem entre si e com o mercado, provocando uma contínua mudança e a necessidade de adequações de comportamento e linguagem. A grande quantidade de informações e mercadorias circulantes requer uma atualização contínua dos critérios e das técnicas de avaliação e julgamento.

Um comprador em potencial poderá, no mais, julgar a conveniência relativa entre aqueles produtos que teve a paciência de selecionar. Resta o fato de que eles não representam a totalidade da oferta e, coisa ainda importante, de que um juízo – à parte a pura apreciação estética – pressupõe competência, profissionalismo e, sobretudo, experiência, dotes que raramente se encontram no indivíduo comprador. A não ser que nos encontremos frente a um hedonista virtuoso. Mas esse também deverá recorrer a intermediários confiáveis, se não quiser expor-se ao risco de ver desmentida a própria virtude.

*Comerciantes e Mercadores**

A função de intermediário entre o sistema de projeção--produção-distribuição e o consumo é do revendedor, do negociante.

Para ele se abrem duas possibilidades distintas de intervenção, que presumem duas posições correspondentes a duas maneiras estrategicamente diferentes de entender e interpretar o papel e a função de intermediário.

Ele se pode fazer *comerciante* ou *mercador*. Entendo por comerciante aquele que, no próprio negócio, expõe e vende apenas aqueles produtos que o comprador potencial lhe pede com mais frequência, mesmo se não representam o melhor da produção naquela faixa de preço.

O comerciante renuncia influir no mercado, aceitando, ao invés disso, um papel subordinado às escolhas de outrem, o que termina, substancialmente, por servir aos interesses da pior parte daqueles que detêm as alavancas da produção. Refiro-me àqueles produtos que basearam seu sucesso no uso cínico e desabusado dos meios publicitários e das mais ambíguas e sub-reptícias técnicas de venda, desenvolvidas com fios muito sutis para que possam ser afastadas do código penal, mas, frequentemente, muito longe do engajamento necessário de correção e ética nas relações, conseguindo, infelizmente, influenciar aquela parte dos consumidores menos preparada e, portanto, mais indefesa. O comerciante termina por trabalhar sem quase nunca se dar conta de ser um dependente sem salário do produtor do qual vende os produtos. Daquele produtor que se arroga o direito de estabelecer preços de venda ao público, de fixar o desconto e de impor outras condições de venda, exigindo o respeito da parte do negociante; daquele produtor que depois organiza, com absoluta autonomia, a própria

* No original, *commercianti* e *mercanti*, palavras que podem ser sinônimas, mas que o autor emprega com sentidos diferentes, como o texto explicita na sequência (N. da T.).

rede distributiva, determinando a qualidade e o número de comerciantes que são seus revendedores.

Se os produtos são bem vendidos, o mérito caberá ao produtor bem-sucedido, à sua bem orquestrada campanha publicitária, que convenceu os compradores potenciais a irem às lojas e fazer uma solicitação explícita de seu produto.

Se, ao contrário, os produtos não se vendem, a culpa será toda do revendedor, acusado de não saber desfrutar a oportunidade oferecida ou de haver redirecionado a clientela para outros produtos. Num caso como no outro, os padrões do jogo continuarão a relegá-lo à condição de pegador de bola.

O mercador, diferentemente, é aquele que contribui de maneira determinante para definir o mercado com a competência de suas escolhas, capazes de influenciar os consumidores e orientar os produtores. Conforme as mais corretas e atualizadas técnicas de marketing, que vinculam a venda à satisfação da clientela, em uma troca aberta de informações, estímulos e sugestões, o mercador é o intermediário, o meio de comunicação essencial para qualquer produtor. Sabe-se, de fato, que os benefícios da troca só podem ser traduzidos em informações úteis para a formulação de estratégias corretas de marketing na presença de um intermediário qualificado, como só o mercador pode ser. Portador atualizado de conhecimentos mais profundos a respeito dos materiais e processos de produção, possuidor de cultura própria e de seguro profissionalismo que o libertam do caráter de súdito, seja nos confrontos com seus possíveis fornecedores-produtores, seja com seus potenciais clientes-consumidores. O mercador escolhe, expõe e vende na sua loja apenas produtos que conhece e cujas características técnicas e formais aprova, ainda que sejam pouco ou nada conhecidos, e os quais nenhum comprador potencial solicite explicitamente. Com o prestígio derivado da competência e da independência de seus julgamentos e atitudes, o mercador entra no jogo no papel ativo, que o vê estrategicamente alinhado com o consumidor que se tornou hedonista virtuoso.

Nesse ponto, aparece uma possível equação: o comerciante está para o consumidor assim como o mercador está para o hedonista virtuoso. Este aqui se apresenta como o substituto evoluído do consumidor que, por sua vez, tinha antes tomado o lugar ocupado pelo consumista, protagonista um pouco entorpecido do mercado no início de seu desenvolvimento. Em uma situação hipotética, na qual se visse um público de compradores potenciais composto somente de hedonistas virtuosos, não haveria qualquer possibilidade de se realizar a função de revendedor sem se ter feito uma escolha decisiva de campo em favor dos critérios e das escolhas que orientam e regulam a vida profissional do mercador.

O hedonista virtuoso não poderia se julgar satisfeito com a proposta ambígua de venda do comerciante nem com seu profissionalismo inadequado. Em uma possível situação desse tipo, até mesmo a produção deveria adequar-se e transformar-se, de modo a provocar uma seleção interior tão salutar quanto inevitável em favor de produtores mais capazes e empenhados em produzir artigos originais, fruto de pesquisa criativa e fortemente ligados a critérios de qualidade constantes, produtivos e distributivos.

A convergência entre hedonista virtuoso e mercador não poderia senão penalizar aqueles produtores movidos por intenções especulativas e, portanto, dedicados a investir grandes somas em publicidade para sustentar produtos de qualidade intrinsecamente decadente e, talvez, fruto de cópias ou imitações, de qualquer modo não enquadrados em um projeto distributivo correto e, portanto, quase sempre destinados à venda selvagem.

O projeto de consumo do hedonista virtuoso terminaria certamente, a longo prazo, por premiar aqueles revendedores que teriam decidido agir segundo os princípios daqueles que defini como mercadores. Uma presença crescente no mercado de hedonistas virtuosos estimularia o nascimento e favoreceria o desenvolvimento de um número crescente de vocações para o empreendimento mercantil. De um empreendedorismo não súcubo de um projeto industrial cuja política distributiva tende sempre mais a orientar-se na direção da quantidade e dos grandes números, segundo uma filosofia que subordina desejos e identidades do consumidor à lógica da produção e às conveniências econômicas, entendidas como pura economia de empresa. Uma lógica microeconômica, mesmo quando aplicada a grandes concentrações industriais, que exclui qualquer tipo de consideração macroeconômica, para não falar das sociais, culturais ou políticas. Frente ao massivo impacto representado pelo fluxo contínuo e agressivo de informações publicitárias e de outros tipos, todas tendentes a estimular o consumo por meio de uma espécie de coação a imitar, posta como núcleo do sistema de produção industrial, apresentar-se como mercador poderia parecer temerário ou mesmo suicida. Quem recusa colaborar, comprando e revendendo mercadorias promovidas por um mecanismo perverso e alienante, posto em movimento por direções de marketing das empresas industriais, corre o risco de parecer, com as mercadorias selecionadas e propostas de maneira independente, com alguém que oferece respostas a perguntas que ninguém ainda aprendeu a fazer. Mas só assim o gesto de vender se diferencia e se qualifica, enriquecendo-se com o prestígio de uma capacidade autônoma de informar para além da existência e dos requisitos característicos de produtos, para os quais não existe ainda uma demanda, muitas vezes apenas porque não são promovidos ou publicizados, mesmo tendo qualidade indiscutível ou, mais simplesmente, por terem design e, portanto, serem muito inovadores.

Como ensina a teoria da informação, dizer ou dar alguma coisa de novo implica deparar-se com a dificulade de dizer ou dar alguma coisa ainda desconhecida. Por outro lado, justamente quando a mensagem recebida parece tranquilizadora, ela contém e transmite um valor muito baixo ou mesmo nulo de informação. De outro, um discurso todo e inteiramente feito de termos e conceitos desconhecidos não consegue comunicar justamente nenhum, pela grande quantidade de "novo" que contém. Resulta agora evidente que é necessário aprender a realizar um equilíbrio e uma dosagem inteligente de novidade e tradição, mesmo ao se propor conjuntamente mercadorias não habituais e não apoiadas pela familiaridade postiça, gerada por sua presença metafórica, prepotente e desbordante no mercado. Pois as imagens que aparecem na imprensa e na TV não são outra coisa senão metáforas do produto real, mas fortes para tomar o lugar no sonho dos consumidores. Quando os mercadores obtiverem sucesso em transmitir, por intermédio de sua exposição, uma quantidade de informações perceptíveis, capazes de compensar a pseudoinformação veiculada por mensagens publicitárias, carregadas de obsessiva promessa de tudo a todos, conseguirão reconquistar uma posição central e estratégica no interior do sistema de mercadorias. A prevalência de hedonistas virtuosos sobre consumidores convencionais já está determinando, em alguns nichos de mercado dos países ocidentais mais evoluídos, convergências naturais com aquela parte da distribuição que acredita e se inspira nos princípios do mercador como regulador e filtro do mercado. Essa convergência mostra poder determinar e influenciar o mundo industrial mais interessado e sensível, pronto a recolher as mudanças, induzindo a rever os critérios de definição do que seja "qualidade". E que solicita para isso uma mais atenta reflexão, tendo em vista a oportunidade de desenvolver relações dialéticas com hedonistas virtuosos e mercadores, no interior de um mercado aberto, no qual intervém um marketing aberto, capaz de virar as costas e superar o atual e inadequado marketing industrial. Um marketing aberto e capaz de pensar além e acima da conveniência aparente e imediata, que se pode alcançar toda vez que se consegue resolver problemas específicos de uma determinada empresa produtora. Um marketing aberto não apenas aos dados comuns, aos problemas industriais, mas também aos aspectos de maior sociabilidade, assim como àqueles de quadros de pessoal e de indivíduos. Um marketing capaz de renunciar ao objetivo tanto de nivelar por baixo o mercado e o consumo, como ao objetivo, só aparentemente diverso, de nivelá-los pelo alto. Enfim, um marketing que saiba, ao contrário, aceitar e favorecer a existência e a convivência de desvios e diferenças, portadoras e garantias de equilíbrios mais estáveis e duradouros do que não o são aqueles inspirados exclusivamente nas leis econômicas.

No mercado do amanhã, segmentado pelas barreiras do gosto e subdividido em inumeráveis nichos especializados, a indústria não poderá prescindir de uma colaboração mais estreita, ainda que dialética, com o mercador, enquanto haverá menos necessidade de comerciantes. Os negócios do futuro deverão inspirar-se na bodega do Renascimento, um pouco empório de mercadorias, um pouco laboratório, aparelhada para efetuar aquelas operações de complemento e personalização que serão cada vez mais requeridas por um mercado habitado por hedonistas virtuosos. Operações de complemento e personalização essenciais, seja para garantir e preservar o nível crescente de serviços e de qualidade pedida, seja para evitar que a qualidade do produto industrial permaneça no local de produção, sem conseguir chegar ao consumidor final. Trata-se de um risco de quem precisa tomar consciência e que limita e condiciona a transferência da qualidade industrial, de agora em diante sempre mais frequente e sofisticada, sobretudo para todos aqueles produtos que requerem operações integradas de projeção e montagem no local. Produtos para os quais a competência do negociante, mais do que essencial, revela-se absolutamente vital. Deve-se evitar que a qualidade do produto industrial se disperse nas várias passagens que a distribuição de todo manufaturado comporta. Eis por que as lojas deverão equipar-se para garantir uma informação correta sobre o valor de uso do produto e tornar-se um pouco o lugar de transformação e atualização, recuperando funções que pareciam definitivamente delegadas à indústria. A partir de agora, é claro que frequentemente o produto industrial acabado tem necessidade de ser protegido e acompanhado até o lugar de sua destinação final, garantindo que sua "qualidade" não se altere ou diminua pelas peripécias do trajeto de distribuição e pelos equipamentos carentes dos *softwares* comerciais.

Esse retorno atualizado de antigas funções, ainda hoje existentes nas bodegas artesanais, é requerido pela refinada qualidade obtida hoje por muitos produtos industriais de largo consumo, refinamento que pede o suporte necessário do ponto de venda. Então, é bastante fácil prever-se que se tornará necessária uma reestruturação e requalificação de todo o sistema distributivo que reclamará notáveis investimentos. Essa transferência de funções no interior do sistema de mercadorias ao menos restituirá ao mercado, em parte, o papel central e estratégico que ocupava na Idade Média tardia e no Renascimento; papel que lhe permitiu construir cidades como Veneza, Florença, Anvers e Bruges, nas quais conseguiu transformar o próprio primado mercantil em centralidade social e, portanto, em poder financeiro e político. A Revolução Industrial abriu sucessivamente as portas aos comerciantes, como novos apóstolos da quantidade, e pareceu não querer reconhecer a contribuição fundamental dos mercadores em defesa do valor irrenunciável da qualidade. Hoje as coisas parecem poder evoluir em direção a uma síntese, capaz de conjugar sempre mais frequentemente quantidade e qualidade em um único produto e para um único mercado sempre mais evoluído, parecendo estimular e favorecer uma distribuição confiável em sua fase terminal, nas mãos expertas e competentes de neomercadores, cujo advento poderia representar um auspicioso neorrenascimento pós-industrial. Uma renovação de valores e papéis que deve, necessariamente, coincidir com uma revalorização da produção industrial, da distribuição e do consumo, seja em seu interior, seja nas relações que essas funções entretenham entre si e, todas, com a ação projetiva. Restabelece-se o papel central da distribuição, filtro essencial do sistema de mercadorias, que deve tornar a ser a garantia do consumo e o estímulo à produção. O espírito mercantil deve tornar a prevalecer sobre aquele meramente comercial, pois só o mercador está em condições de combater e enfrentar os riscos implícitos em um mercado em que a circulação informativa resulta excessivamente subordinada e condicionada a uma promoção publicitária posta a serviço de uma "ideologia da quantidade".

O mercador deve tornar a ser aquele que conhece, seleciona e propõe; e, portanto, adapta e personaliza o produto, fornecendo como retorno aos produtores e projetistas as informações necessárias a sua atualização e seu aperfeiçoamento. Saúda-se, enfim, a entrada em cena do consumidor capaz de projetar o seu consumo: o hedonista virtuoso, juiz final de todo o ciclo de transformação produtiva, posto em posição estratégica com respeito aos demais protagonistas, desejoso apenas de tomar lucidamente consciência de si, de sua própria identidade e da crescente importância do próprio papel.

Além de qualquer hipótese imaginária, é minha opinião que uma democracia dos consumos somente poderá encontrar o seu equilíbrio se for capaz de encontrar uma nova ordem remontando de volta o fluxo habitual de projeção-produção-distribuição-consumo.

Estou convencido de que essa evolução tão auspiciosa quanto necessária só pode partir do consumo e de seu protagonista, o hedonista virtuoso, para desenvolver-se depois em uma aliança entre este e o revendedor-mercador, de maneira a poder assim orientar e, se necessário, condicionar e reorientar a produção. Nesse dado contexto, a ação projetiva veria provavelmente os seus encarregados se dividirem e colaborarem na formação de projetos de produção, projetos de distribuição e projetos de consumo.

A Revolução Industrial não somente redesenhou os destinos desse mundo, com profundas mudanças econômicas, sociais e políticas. Ela também influenciou profundamente a linguagem, deslocando valores semânticos consolidados e criando novos; assim como modificou o imaginário coletivo, enriquecendo o olimpo dos mitos com novos heróis, novas epifanias e novos modelos.

Mesmo que hoje se considere concluída a terceira Revolução Industrial e se comece a definir uma quarta, restam, porém, fortemente incrustados na mentalidade comum e no falar cotidiano, alguns valores afirmados na primeira Revolução Industrial, aquela da mecânica e das minas de carvão.

O herói desse primeiro e mais longo período foi aquele produtor de produtos acabados, obtidos pela transformação de matérias-primas, trabalhadas com a ajuda da emergente mecanização das primeiras manufaturas, nas quais, com o operário, nasciam o produto alienante, sua análise político-filosófica, mas também um mundo novo que, por bem ou por mal, determinou este em que vivemos.

Foi então que o termo *produtor* se encarregou de significados que o levaram a coincidir com o termo *empreendedor*; e que o termo *produto* passou a indicar alguma coisa tridimensional, fruto tangível de qualquer atividade da indústria manufatureira.

Desde então, e por um longo período até hoje, quem era empreendedor o era se tinha atrás de si uma empresa industrial que produzia "produtos". Mas, subtraindo-se o fascínio redutor dessa expropriação semântica, pode-se mais corretamente considerar que existem empreendedores de tipos diferentes e, entre esses, hoje é crescente o número daqueles que não produzem produtos fisicamente tangíveis, como o são propriamente os produtos financeiros e todas as atividades terceirizadas de serviços. Isso vale também para os mercadores, os quais produzem um produto imaterial, ajustado pelas escolhas da compra, pela organização dos espaços expositivos e pela capacidade de argumentar convincentemente com a ajuda de conhecimentos e instrumentos apropriados.

Os mercadores de decoração e os de móveis, em particular, podem ser considerados, em boa parte, empreendedores que produzem projetos para habitar primeiramente no papel e, depois, na realidade tridimensional.

O mercador de móveis é, sempre com mais frequência, um empreendedor, embora não seja um produtor industrial. Ele usa lâmpadas, tecidos, cadeiras, mesas de armar e outras coisas como matérias-primas para a construção de um projeto-produto de decoração. Um projeto-produto é a finalidade última de seu trabalho e se identifica com aquilo que os franceses chamam *decoration d'interieur* e os ingleses, *interior design*, ambos pertencendo àquela que se pode definir como "cultura do projeto".

Por trás desses termos, vê-se a diferença profunda que separa e caracteriza a nossa mais recente experiência de italianos no âmbito da decoração, comparando com o que aconteceu entre o século XVIII e a primeira metade do século XIX na França e na Grã-Bretanha.

Na Itália explodiu e afirmou-se, nos últimos trinta anos, uma verdadeira e precisa "cultura do objeto", por trás da qual surgiu toda uma mitologia de locais sagrados, pais fundadores, produtos-fetiches, designers, sacerdotes e heróis, desenvolvidos à sombra de uma nova divindade onívora denominada *design*. De Luis XIII a Louis Vuiton!

Em nome de um design nascido para intervir globalmente tendo em vista modificar e tudo melhorar, "da colher à cidade", produziu-se um curioso fenômeno de redução que, infelizmente, concentrou a quase totalidade do compromisso teórico e prático muito mais sobre a colher do que sobre a cidade. Essa, de fato, ficou desgraçadamente abandonada ao quase incontrastado domínio da grande aliança entre escritórios técnicos subordinados das prefeituras, assessores corruptos, topógrafos rústicos e chefes de obras mais ou menos vorazes. É compreensível, portanto, que, diante da impossibilidade de aderir aos jogos arquitetônicos e urbanísticos, arquitetos e designers tenham se apressado em reprojetar colheres e qualquer outro tipo de talher, cafeteira, lâmpada, cadeira, mesa, poltrona, sofá e assim por diante.

Sob o impulso teórico desenvolvido em numerosas revistas de arquitetura, design e arredamento, e o esforço prático de numerosíssimas pequenas e receptivas lojas artesanais e industriais, conseguiu-se transferir para o interior de cada simples peça e objeto – sobretudo no interior dos mais bem-sucedidos – uma série de valores provenientes do patrimônio cultural da Grande Arquitetura, aquela *aura* em que ecoa a desejada utopia da arte multiplicada industrialmente e ao alcance de todos. Assim nasceu uma centena de objetos carregados de valores arquitetônicos em miniatura, mas ainda capazes de evocar e emanar uma *esteticidade* em condições de definir o que chamei de cultura do objeto. Uma cultura fundada sobre os efeitos da proliferação de objetos fortes e definitivos, capazes de ir além de requisitos funcionais; objetos que pretendem propor e afirmar valores que transcendem suas dimensões e destinações particulares de uso. Objetos que pedem para ser interpretados e fruídos como microarquiteturas domésticas, privadas, e aos quais tanto o projetista quanto o proprietário delegaram a missão de resolver as recíprocas frustrações pessoais, respectivamente as de profissional e cidadão.

Essa cultura do objeto propõe uma decoração caracterizada por ambientes despojados e assépticos, de modo a não incomodar ou condicionar a presença das diversas "peças", todas projetadas para interpretar o papel de personagem principal no teatrinho familiar. As casas decoradas em um rigoroso *estilo design* parecem museus de arte moderna doméstica, locais onde cada objeto tende a se tornar epicentro, acabado e independente em relação a tudo que está à sua volta, ali estendido para legitimar sua presença, já não com possíveis harmonias com o resto da decoração, mas sim com sua história individual, com seu *pedigree* que exibe e ostenta, como pai, um famoso designer e, na qualidade de mãe, uma renomada firma produtora, frequentemente com parentes e predecessores verdadeiros ou presumidos que reconduzem à Bauhaus, a Ulm ou a qualquer outro prestigioso recorte de história contemporânea.

O objeto de design se conclui em si mesmo e frequentemente oferece o melhor de si quando se o contempla e não quando se o usa. E isso bem se pode adivinhar olhando a palidez cadavérica do possuidor da premiadíssima lâmpada halógena ou a careta de desgosto da vítima compradora da enésima esplêndida cafeteira de coleção ou ainda a progressiva e sempre mais evidente deformação da espinha dorsal do consumidor turrão que se obstina em usar as suas cadeiras em forma de trono até para sentar-se.

Oposta a essa paisagem, povoada por diferentes objetos e fortemente caracterizada, é aquela resultante da direção que se desenvolveu na França e na Grã-Bretanha nos anos que vão do fim do século XVIII até o início do XX, direção que defini como "cultura do projeto". Já não há peças separadas, mas uma decoração feita quarto por quarto, ambiente por ambiente, utilizando sobretudo tecidos e outros materiais de revestimento com uma rigorosa atenção em ligar entre eles suas diferentes partes componentes, harmonizando-as cromaticamente, tratando de aderir tudo isso a certo modelo de vida e a uma vivência cotidiana bem definida, talvez em parte superada, mas não, certamente, para deitar fora em bloco.

O resultado final desse trabalho de projeto tende a fazer desaparecer cada elemento em separado, subordinando seu valor e sua característica ao valor e à característica do resultado conjunto. De tal modo que bem se pode assumir que o quarto ou o ambiente tomem o lugar do objeto, da "peça". A "cultura do projeto" conduz a um modelo final bem definido, que se contrapõe à produção de um único objeto ou de mais objetos, para dedicar-se à pesquisa e à contínua reiteração de uma bem individualizada *Stimmung*, portadora de uma marca reconhecível.

Em vez disso, a "cultura do objeto" conduz à peça de design, ao objeto único, que pretende incorporar em si o fim último e o mais alto do esforço projetivo.

À luz dessas considerações, é compreensível e explicável que o fenômeno design tenha nascido e prosperado, seja em teoria, seja na prática, na Alemanha e, sobretudo, na Itália, ambos países privados de modelos de decoração nativos. E que ao contrário, na França e na Grã-Bretanha, tenha encontrado notáveis dificuldades de enraizamento, tanto do ponto de vista do interesse teórico de projeto quanto do produtivo, comercial e de consumo.

A tendência geral é, de qualquer forma, largamente favorável à "cultura do objeto", seja porque a contraposta "cultura do projeto" não soube se atualizar, estacionando na repetição dos seus modelos até causar um cíclico sentimento de tédio, seja pela evidente capacidade que a cultura do objeto apresenta para servir a uma faixa de consumidores muito mais ampla, oferecendo só fragmentos separados, objetos no lugar de projetos, sustentados, porém, por um eficaz aparato produtivo, publicitário e de distribuição, e de um comprometimento a custo inferior. Foi justamente graças a esse aparato e a essa maior conveniência que a crescente demanda de bens de decoração pôde ser satisfeita. Mesmo que isso tenha significado a renúncia em fornecer, pelo menos até hoje, o encorajador mas custoso modelo de ambiente – o projeto –, inclinando-se à difusão da peça simples e mais barata de design – o objeto.

Essa operação de desmembramento e fragmentação foi conduzida bem adiante, atuando como saque sistemático de uma cultura a expensas de outra. Foi assim que a própria indústria italiana do setor operou algumas vezes, apossando-se de alguns dos objetos constantes de projetos famosos, para repropô-los como fragmentos, como farrapos do projeto original no interior do qual eles tinham sido concebidos. Penso na poltrona *Barcelona* de Mies van der Rohe, parte integrante do projeto para o Pavilhão da Alemanha, na Exposição Universal de Barcelona de 1929; ou então nas peças ocas de Charles Rennie Mackintosh, extraídas dos seus projetos para habitações ou para locais públicos e de encontro.

A vitória da "cultura do objeto" sobre a "cultura do projeto" traz um problema e oferece ao mesmo tempo uma oportunidade a todos aqueles que se ocupam da distribuição e, em primeiro plano, aos negociantes ou, melhor dizendo, aos mercadores.

Foi dito com justiça que o desenvolvimento da produção alcançou muitos setores, e aqueles dos móveis e da decoração estão entre eles, e tal nível de qualidade que coloca sérios problemas no momento em que se deve transferir essa qualidade da fábrica ou oficina até a casa do comprador final. Essa dificuldade se torna máxima para todos aqueles produtos "sistemáticos", que requerem operações mais ou menos complexas de projeto, antes da venda, e que necessitam de um apurado serviço de operação, depois da venda. É evidente então que, se não se quer correr o risco de tornar inúteis cada refinamento conquistado ou sofisticação produtiva, é necessário predispor as coisas de maneira que o sistema de distribuição consiga transferir *inteiramente* a sofisticada qualidade do produto do local da produção ao local de utilização.

São necessários, pois, quadros comerciais e de marketing internos nas lojas produtoras e, sobretudo, revendedores capazes de interpretar e transformar o produto de fábrica, de modo a torná-lo melhor aproveitável, tanto funcional quanto esteticamente, no seu local de destino.

Limitar-se a revender aquilo que se comprou não é mais possível ou, pelo menos, não é mais suficiente para garantir o profissionalismo do comerciante e, por conseguinte, defendê-lo de seus concorrentes. Portanto, o papel de compra e venda praticado pelo comerciante normal não pode ser mais aceito nem por quem produz nem por quem consome, porque ambos estão interessados em encontrar no mercador-revendedor um meio apropriado e ativo, capaz de transferir e transmitir tudo aquilo que de bom saiu da fábrica, possivelmente integrado pelos elementos ulteriores de criatividade interpretativa e de serviço.

A distribuição necessita de uma real e apropriada revolução cultural, no sentido literal do termo, porque é justamente de um aporte de cultura que o mercado precisa. Por muito tempo se acreditou que a cultura e os negócios e, em particular, a cultura e o comércio percorressem estradas separadas; desejou-se fazer acreditar que a cultura pudesse no máximo servir para dar prestígio, recobrindo com uma película sutil e brilhante o resultado do trabalho sério e real, aquele dos negócios. A verdade, porém, é que, hoje, produzir produtos de boa qualidade não é suficiente aos industriais, assim como expor os mesmos produtos nas suas belas lojas já não é suficiente para os mercadores. Para conquistar o público dos consumidores que se tornou mais do que consciente, que se converteu em hedonista virtuoso, é necessário persuadir, convencer, seduzir, aceitando o desafio aberto e contínuo do grande mercado global.

Consequentemente, precisa-se de dirigentes de marketing preparados sociológica e humanisticamente, e não só tecnicamente; precisa-se de mercadores capazes de selecionar os produtos realmente portadores de elementos originais de cultura, não só formais, mas também capazes de transformá-los, projetando-os, montando-os ou ainda e somente aproximando-os, sem mudanças, de qualquer outro elemento, com a força afirmativa do simples gesto portador de gosto, de correção formal e de criatividade.

Tanto o mercado e o consumidor precisam dessa transformação, quanto o industrial ou o artesão empenhados seriamente na atividade produtiva.

Desde o momento em que o design se tornou um fenômeno complexo, ele, enquanto fenômeno, deve ser capaz de equilibrar os próprios elementos constituintes e os seus aportes específicos em um nível de cultura de mercado mais difundida do que aquele preexistente à sua afirmação. Se por séculos a arte abriu os olhos e a sensibilidade de poucos, o design tem a fantástica possibilidade de se encarregar do dever histórico de abrir os olhos e educar a sensibilidade e o gosto de um número sempre maior de indivíduos.

Em um de seus ensaios, intitulado "O Futuro de uma Ilusão", Freud assim inicia:

> Quando se viveu durante muito tempo no âmbito de uma certa civilização, e nela nos esforçamos com frequência em descobrir quais foram as origens e o percurso de desenvolvimento, experimentamos no fim a tentação de direcionar o olhar na outra direção e fazer a pergunta acerca do destino posterior que caberá a essa civilização e as transformações que ela está destinada a sofrer[1].

Mesmo se o título do ensaio parece não pressagiar nada de bom, gostaria agora de tentar olhar o futuro. Antes, porém, vale a pena recordar que o próprio Freud nos coloca em guarda contra as ilusões, sublinhando o quanto a profissão do psicanalista pode ser "impossível" e quanto a própria realidade, em certo sentido, exprime esse "impossível". Não é minha intenção nem meu objetivo, por outro lado, indicar o acesso seguro a um mercado perfeito, privado de equívocos, isento de confusão, sem ilusões.

Queria, em vez disso, delinear um caminho concretamente praticável, fundado sobre a consciência e a reflexão, que, pelo próprio fato de inspirar-se em um abrasar contínuo e pragmático do juízo mais oportuno e pertinente, coloca-se nas antípodas daquele caminho ainda muito frequentado e atulhado de velhos prejuízos e de lisonjas com frequência trapaceiras, sempre ilusórias. Pretendo, antes de tudo, fazer referência à grande e desconsiderada demanda de criatividade e empreendimento necessários ao desenvolvimento das várias fases da distribuição. Existem hoje, provavelmente, maiores possibilidades de sucesso, de aproveitamento de carreira, de independência, de satisfação e de inovação no âmbito da distribuição do que em outras fases do processo econômico.

1. *Il disagio della civiltà*, Torino: Bollati Boringhieri, 1990.

Por distribuição entendo todas as diversas atividades necessárias com o fim de transferir e, eventualmente, transformar o produto acabado, da loja de produtos acabados, a que reúne os resultados da produção, até o local de utilização ou de consumo do comprador final. Incluem-se, portanto, entre os encarregados da distribuição todos aqueles incumbidos, no interior ou no exterior da fábrica, dos deveres comerciais e de marketing: empregados e dirigentes fazendo parte do organograma das firmas produtoras; viajantes e representantes; aqueles que trabalham nas agências de publicidade, de relações públicas e de *corporate image*; enfim, os revendedores. A todos eles que está confiado, incontestavelmente, o esforço "cultural" de compensar a cultura dominante da produção, que tende a identificar o objetivo estratégico prioritário de cada atividade econômica com o pleno emprego das instalações produtivas e com o lucro. É então um compromisso dos encarregados da distribuição documentar, explicar e convencer o empreendedor-produtor, por exemplo, que produz um bom vinho, que a distribuição não pode ter como objetivo só a maximização das vendas. Porque se a venda de todo vinho passível de produção em um dado tempo e espaço comportasse a embriaguês de todos os potenciais consumidores, todo o equilíbrio do microssistema viria a ser alterado por causa de uma espécie de poluição do mercado, dado o excesso de consumo – exatamente a embriaguês –, que impede os consumidores de efetuarem escolhas racionais.

Quem, por hipótese, tivesse a responsabilidade da distribuição nesse exemplo, não poderia isentar-se da obrigação de conhecer a capacidade máxima de absorção do mercado ao qual destina a sua oferta e não poderia, portanto, desconsiderar o necessário equilíbrio "ecológico" do sistema vinho-bebedor sobre o qual intervém. Quem quer que o esquecesse de fazer ou, pior ainda, sucumbisse às pressões do empreendedor-produtor-patrão, tão insaciável quanto ignorante sobre os equilíbrios do mercado, não só perderia o controle das reações e dos comportamentos dos consumidores, mas veria esvanecer a possibilidade de também servir aos interesses da produção, justamente por meio da afirmação e aplicação de uma competência autônoma, fazendo-se referência ao que é específico da cultura distributiva.

É evidente que se o excesso de consumo transforma os consumidores em bêbados, encontramo-nos frente ao paradoxo de um mercado que perdeu, como consequência de uma desequilibrada distribuição, a própria lucidez, perdendo com ela a premissa necessária para garantir e confirmar as preferências do consumo induzidas pela própria distribuição.

Se retornarmos à imagem do sistema das mercadorias como floresta artificial, podemos entender que também existe uma ecologia do mercado, atormentada pelos seus riscos de poluição ou contaminação. E desses riscos o ecossistema das mercadorias deve ser protegido pelo distribuidor, que deve assumir o papel de paladino da qualidade, de sentinela de uma explosão indiscriminada de quantidades desmesuradas e de qualquer outra solicitação desequilibrada. Ao distribuidor pertencem as funções essenciais de controle da produção e da gestão do mercado. Somente um corpo homogêneo de mercadores e profissionais da distribuição, capaz de se contrapor solidamente à lógica da produção, pode chegar a desenvolver a competência e, portanto, a respeitabilidade necessárias para contrastar dialeticamente com a produção, compensando e orientando oportunamente o estímulo, de modo a dosar o fluxo da oferta, até conduzi-la ao encontro da demanda, que é propriamente aquela do mercado.

Para realizar bem tudo isso, antes de qualquer coisa, é necessário separar as necessidades dos desejos e, consequentemente, os critérios e princípios aptos a gerir a distribuição dos produtos destinados a satisfazer as necessidades, separadamente daqueles relativos à distribuição mais complexa de produtos que, além de serem os que interessam a esta análise, representam certamente a enorme maioria à qual está confiada a resposta à pergunta do sempre crescente número dos desejos.

Quando um homem deseja algo, tem frente a si duas possibilidades: produzir ele próprio o que deseja ou então ir à procura e comprá-lo.

Na maior parte dos casos, em uma economia como a do ocidente atual, que há muito tempo resolveu o problema da produção dos bens elementares e fundamentais, destinados a satisfazer a demanda expressa das necessidades, a alternativa escolhida é a segunda e, consequentemente, o mercado se torna o local de procura e de encontro entre a demanda dos desejos e a oferta dos bens reais. A procura, porém, não é nem simples nem direta, porque o desejo de algo nasce com frequência antes do encontro da coisa real. A procura, então, é conduzida por uma construção mental que o próprio desejo formula. Essa construção mental é o fantasma que evoca o objeto ainda não encontrado, pois é verdade, como escrevem Deleuze e Guattari, que é como se fosse "um objeto sonhado atrás de qualquer objeto real"[2]. Há muito tempo, no nosso mundo real (que, se é verdade que não é impossível, é verdade que, como o outro, é sempre mais artificial), os publicitários, os persuasores mais ou menos ocultos e os sempre sofisticados operadores de marketing aprenderam a manobrar, todos empenhados em propor o seu produto como a verdadeira, a melhor e a única coisa autenticamente correspondente àquela coisa real procurada e desejada pelo consumidor. Para o qual se torna essencial conseguir não se extraviar na selva dos próprios fantasmas e dos próprios sonhos multiplicados pelos sonhos e pelos fantasmas evocados continuamente por essa corte régia que subtende as evanescentes mensagens publicitárias.

Os distribuidores têm o dever de tomar consciência do fato de que se os mecanismos publicitários e de marketing permitem a gestão repetida do mercado, eles levam consigo, em virtude da quase total ausência de regras capazes de garantir o respeito pela justa medida, o grande risco da

2. *L'Anti-Edipo*, Torino: Einaudi, 1975.

autoanulação. O risco da transformação neutralizante e paradoxal dos consumidores em bêbados.

À luz dessas considerações, é compreensível como e por que se vão delineando novas modalidades alternativas para a evidente procura do sucesso comercial, nas quais se espera entrever a capacidade, senão a explícita vontade de procurar antídotos e compensações contra a venda selvagem de tudo a todos, com o consequente risco de queda vertical de todos os parâmetros de qualidade. Mas com o grande risco de maiores desequilíbrios no tecido social, econômico e político. Uma primeira indicação encontra-se na difusão dos negócios diretos ou em regime de afiliação (*franchising*) operando com o nome da empresa produtora. Com isso se realiza o direto ou o quase direto coenvolvimento entre a produção e o consumo, por meio de uma aliança entre produção e distribuição. Os aspectos positivos são numerosos e evidentes.

Para o consumidor existe a vantagem de gozar de uma garantia posterior, que o coloca em segurança contra falsificações, e poder ter um serviço de pré e pós-venda que deveria ser bastante homogêneo. Para o mercador, um aspecto conveniente é o de obter a tranquilidade que a associação com o produtor lhe traz, colocando-o em segurança contra eventuais surpresas comerciais que, com frequência, as firmas produtoras proporcionam. Para o produtor, enfim, realizam-se ótimas condições, tais que nenhum revendedor multimarca poderia oferecer. Os produtos encontram a sua melhor apresentação, sustentados por serviços e por pessoal de venda preparado e caracterizado.

Esse tipo de negócio restitui ao produtor e ao distribuidor uma colaboração muito estreita, que se funda na recuperação positiva dos efeitos da publicidade realizada pela produção, para afirmar e qualificar o valor da própria marca. Isso é relevante quando a mensagem publicitária que a produção envia ao consumo passa pela cabeça dos negociantes, superando e criando frequentemente as premissas para aquela servidão e aquele empobrecimento profissional que reduzem as funções de filtro nos confrontos do consumidor, transformando-o de mercador em comerciante, com indubitável desvantagem para todo o sistema das mercadorias. O negócio em nome do produtor, mas controlado e gerido pelo revendedor, leva este a gozar de, no mínimo, uma posição clara, que o vê explicitamente alinhado com um produtor, para integrar e enriquecer a qualidade dos seus produtos ao longo da via que os conduz dos locais de produção às casas dos compradores finais. Estes, de resto, uma vez perdida a tradicional referência oferecida pela confiabilidade do mercador de família, transtornado pelas milhares de sugestões e mensagens, todas aparentemente vantajosas e reivindicativas para si de virtudes de solidez, elegância, conveniência etc., aceitam de bom grado a presença de um negócio que, além de ser seguramente bem gerido, oferece a garantia adicional do nome do produtor. É compreensível que, perdidos os antigos locais de atracamento, varridos com o aparecimento dos mercadores, consequência da profunda transformação de formas e gostos e também de linguagem comercial, o consumidor tenha a tendência a procurar novos portos para a própria tranquilidade de comprador ignaro dos valores reais e intrínsecos dos produtos que deseja e que gostaria de comprar. O nome do produtor e sua etiqueta se tornam agora o elemento de segurança, a âncora que parece oferecer a desejada garantia de qualidade procurada pelo consumidor. As cadeias de negócios que se abrem em defesa do nome de um produtor nascem justamente para desfrutar as vantagens dessas novas motivações de compra, que bem se podem considerar como constitutivas de uma das mais importantes entre as novas tendências e as novas orientações da moderna distribuição comercial.

Vale salientar, entre outras coisas, que só enfrentando de maneira mais direta as responsabilidades implícitas na distribuição e na venda, separada ou em associação com um mercador profissional, a indústria pode experimentar uma relação não mais teórica ou mediata com o consumo e o mercado. Desse envolvimento com a realidade do mercado, criam-se novas condições para desenvolver não só um marketing de promoção, unidirecional, voltado para ampliar as vendas daquilo que se produz, mas um marketing aberto à contribuição milionária e criativa de todos os desejos e de todos os hedonismos mais ou menos virtuosos, que só a frequência do mercado permite encontrar, avaliar e recolher.

Sob essa luz, os negócios em nome do produtor podem ser imaginados como terminais periféricos e externos ao sistema industrial, capazes não somente de liberar as mercadorias, mas também de atingir informações e estímulos participando das operações finais necessárias de adaptação para responder à demanda mais madura, expressa por um projeto de consumo articulado.

Outro parágrafo importante na manifestação de novas orientações comerciais é aquele representado pelos *life-style-shops*, literalmente lojas "estilo de vida". Trata-se de locais nos quais os produtos à venda foram selecionados segundo uma procura inspirada pelo gosto, não pertencendo a uma categoria mercadológica uniforme. Nessas lojas, a mistura das mercadorias tende a corresponder ao conjunto dos desejos de um grupo bem identificado de compradores em potencial, pertencentes à mesma família cultural e de gosto. A gama dos produtos oferecidos pode ser também extremamente vasta e heterogênea, com poucas ou nenhuma alternativa às tipologias simples: gravatas, um tipo de guarda-chuva, um vinho, duas diferentes cafeteiras, uma bicicleta, jogo de taças, pratos e copos, bens de consumo extremamente selecionados, *plaid**, cestos para o fim de semana, tudo que serve ao tabaco e ao fumo, sifões para o *seltz***, coleiras para cães com desenho particular, um café tostado e em pó para fazer o café à moda turca etc. Esses exercícios de revenda, inspirados nessa nova e diferente

* Manta de tecido xadrez (N. da T.).

** Água gaseificada (N. da T.).

homogeneidade, deparam-se na Itália com regulamentos municipais inspirados em classificações mercadológicas que necessitariam da obtenção de muitas licenças para abrir só um pequeno negócio. Mas é a existência desses negócios que testemunham e assinalam a presença, aqui e ali, de grupos de hedonistas virtuosos, principais frequentadores do *life-style-shops*, dos quais são os animadores e os promotores, em um processo de expansão por manchas, que tende a se desenhar como uma pele de leopardo no mapa do mercado.

É perceptível que esse tipo de negócio não pode ser fundado ou gerido por um comerciante, mas somente por um mercador, porque a própria fórmula presume uma capacidade de procura e proposição de elevado valor criativo e, por conseguinte, de um nível elevado de gosto a serviço de um novo empreendimento. Um *life-style-shop* é um local no qual, ao lado de uma capacidade bem determinada de seleção, que afirma e define certo estilo de vida, é possível encontrar mercadorias capazes de informar e enriquecer o potencial comprador, sem mortificá-lo com a banalidade de propostas previsíveis e usuais.

É um lugar que não trai a preocupação de seguir a moda, conseguindo, quem sabe, fazer a moda, pela qualidade peremptória e afirmativa de sua proposta mercadológica, ancorada firmemente em uma família individualizada de gosto.

Gosto que vimos ser o elemento de ligação e homogeneidade de partes de mercado geográfica ou politicamente separadas entre si, mas unidas pelo fato de observar e de se orientar nos consumos seguindo uma estrela polar – um gosto específico –, que funda a respeitabilidade da própria imposição extorsiva sobre a fragilidade de uma afirmação arbitrária efêmera e mutável. Algumas cadeias de negócios apresentam algum parentesco com os *life-style-shops*, como a Ikea e ainda mais a Habitat, que testemunham a crescente presença e importância do capital financeiro no setor do móvel e da decoração. Outras cadeias de lojas, inspiradas em um determinado estilo de vida, como, por exemplo,

Laura Ashley ou *Ralph Loren*, estão projetando investir e transferir até mesmo para móveis e decorações o seu *life-style*, por estar bastante reconhecida e fortemente caracterizada a imagem de sua atividade.

Em todos esses casos, as dimensões empresariais e o sucesso já difundido retiram essas propostas de gosto, fortemente caracterizadas e inovadoras, quanto tradicionais, do risco de parecerem manifestações limitadas e irrelevantes de esnobismo comercial. Resta, evidentemente, muito a fazer no conjunto do setor distributivo, no qual os investimentos têm sido até aqui relativamente modestos, se comparados com aqueles destinados à produção.

O hedonista virtuoso, que já está presente em cena, verá o seu papel crescer ao aumentar o número de pessoas que saberão assimilar o seu comportamento e perseguir os mesmos fins. De qualquer modo, fica subentendido que os hedonistas virtuosos, embora seu número devesse aumentar de modo otimista, permanecerão relativamente pouco numerosos em comparação aos grandes números expressos pelas massas de consumidores que a expansão contínua do mercado introduz nos ritos do sistema das mercadorias. Não obstante, eles serão certamente determinantes para oferecer um modelo forte na formação da demanda; um modelo capaz de compensar a oferta, mesmo a mais agressiva, oferecendo ao consumidor a ancoragem essencial a um comportamento e a uma cultura capazes de contrapor ao projeto de venda um projeto autônomo de consumo. Talvez se possa pensar nos hedonistas virtuosos como xamãs e feiticeiros das várias tribos que agora povoam a floresta artificial com a qual se identifica o mercado.

Em tal caso, em vez de ir à escola do feiticeiro, devemos ir à escola do hedonista, que nos ensinará a nos tornar virtuosos, vale dizer, a desenvolver aquelas virtudes necessárias para não sofrer a frustração de não saber, como e onde procurar as coisas reais para todos nós, essenciais para nos liberarmos dos fantasmas que os nossos desejos produzem continuamente.

O hedonista virtuoso tem no mercador o seu complemento, e é compreensível que esses dois novos personagens se procurem e se ajudem no esforço comum de fundar de novo o mercado e no compromisso de formular uma cultura da distribuição, dialeticamente anteposta à da produção.

Uma das possíveis chaves de leitura da minha história pessoal, explico-a a mim mesmo como sendo um ziguezagueante itinerário a cavaleiro nesse âmbito no qual se encontram e se sobrepõem o meu eu-consumidor, com tendência a se tornar hedonista virtuoso, e o meu eu-mercador, que procura dar um sentido e uma razão ao próprio trabalho no interior da distribuição das mercadorias. Sempre procurei recusar a redução implícita na simplificação que queria definir o mercado como o lugar no qual unicamente se realiza uma atividade de compra e venda.

Procurei e ainda procuro a cumplicidade de outros mercadores e de outros hedonistas virtuosos. Em particular nos últimos dez anos dessa procura, a conduzi no interior do meu trabalho no setor da cozinha e do cozinhar, setor no qual operei como distribuidor com diversos papéis.

Como agente para a Itália de uma firma alemã, líder na produção de móveis e decoração para cozinha; como mercador empenhado na venda a varejo em Milão das mesmas cozinhas; e ainda como mercador, sempre em Milão, de utensílios e aparelhos para cozinhar e como distribuidor de *franchising* dessa fórmula-negócio.

Há alguns anos percebi, mais ou menos na mesma época de alguns outros operadores do setor, um crescente interesse pela cozinha e o cozinhar em geral. Particularmente, percebi que esse interesse se definia e se caracterizava no sentido de uma demanda por maior competência e, portanto, de maior profissionalismo. Foi assim então que me pus à procura de possíveis articulações ou mudanças em favor do cozinhar doméstico.

Foi pouco depois, bem antes que a pesquisa iniciada com a ajuda de alguns colaboradores pudesse surtir os seus primeiros resultados, que um italiano concorrente, produtor de cozinhas muito bonitas, cometeu um erro revelador, lançando uma cozinha que, explicitamente, se propunha como a resposta à mencionada procura por maior profissionalismo. Essa cozinha apresentava, em união com armários de madeira de muito bom gosto, uma série de aparelhos eletrodomésticos, fogões, fornos, lavadoras de louça e frigoríficos, retomada simultaneamente com as grandes implantações de restaurantes coletivos, em uso nos refeitórios das grandes empresas industriais.

Implicitamente, isso equivalia a sugerir que os ricos burgueses italianos, pelo próprio fato de serem ricos, tivessem a necessidade de aparelhos dimensionados para atender à necessidade de cozinhar refeições para centenas de pessoas em pouco tempo. Enquanto que, ao contrário, é evidente para todos que a diferença entre ricos e pobres reside menos no número de comensais e mais na qualidade dos pratos. Mesmo os ricos comem pouco com frequência, mas quase sempre comem bem e, algumas vezes, de maneira refinada.

De fato, uma vez lançada a nova cozinha, muitos ricos, enriquecidos muito rapidamente, sem tempo, portanto, de parar e educar os próprios gostos, compraram a cozinha sob o impulso da moda que surgia, inspirada no "profissionalismo". Mais grave, certamente, foi o fato de que muitos revendedores também foram convencidos a expor o produto nas suas lojas, confirmando mais uma vez a sua vocação "comercial".

Nós, com menos tempestividade, mas certamente de maneira mais respeitosa para o que nos pertence, introduzimos um produto tradicional francês. Uma *cuisinière* em aço e ferro esmaltado, em uso por quase cem anos em boa parte das *maisons bourgeoises* de Paris e na mais rica província além dos Alpes.

Fogões, fornilhos, *coupe-de-feu*, elétricos e a gás, projetados e construídos para atender elevadas exigências e, portanto, capazes de fornecer serviços sofisticados, mas, de qualquer maneira, para servir a um utilizador privado, em um espaço privado, mesmo se depois trabalhasse no fogão um cozinheiro profissional. Todavia, não um cozinheiro de restaurante, que é referência e portador de outro tipo de experiência a serviço de outras necessidades e que, portanto, desenvolve modos e competências particulares no comprar, no preparar, no conservar, no cozinhar, no apresentar e no servir. A minha pesquisa deve muito a um cozinheiro francês que, a serviço de uma família burguesa, trabalhava em Paris utilizando a *cuisinière* mencionada, em um esplêndido apartamento na avenida Foch. Foi ele quem me informou que pelo menos outras vinte *cuisinières* estavam instaladas em outros tantos apartamentos naquela mesma rua e mostrou-me algumas, com a cumplicidade dos seus colegas cozinheiros. Foi sempre ele que me ajudou a evitar os erros cometidos pelos nossos concorrentes italianos, contando-me como, depois da Revolução Francesa, os senhores da alta burguesia no poder herdaram hábitos e costumes dos aristocratas defenestrados, mas, ao mesmo tempo, aprenderam a fazer bom uso das quimeras que com frequência escondiam o verdadeiro rosto da democracia. E como, em particular, nasceu o hábito de oferecer ao povo os restos e as sobras dos banquetes, de forma a contribuir com alimento para a renda dos menos abastados; essa distribuição se efetuava atrás dos palacetes burgueses ou em locais preestabelecidos e habituais, onde se davam *les restes aux rentes*: nasciam assim os progenitores dos modernos restaurantes. Embora o dito popular advirta que errar é humano, enquanto perseverar no erro é diabólico, o produtor concorrente confiou diabolicamente a um bom e conhecido restaurante o projeto do seu bem-sucedido modelo de cozinha. De um marketing assim diabólico, não podia surgir senão uma máquina infernal, um verdadeiro e justamente metafórico fosso dantesco do desprovido amante da cozinha que nela resolvesse confiar. Além de qualquer malícia ou sarcasmo, lembro ter agido como bom mercador, propondo aos consumidores italianos o produto que por muitos anos era utilizado na França, o país cuja língua sempre define e conota utensílios, receitas e *savoir faire* na mesa e na cozinha, da mesma maneira que o italiano, por cerca de dois séculos, deu significado às notas musicais, permanecendo válidas não só na Itália, mas em toda a Europa. Agi ainda como mercador quando, no início do trabalho de distribuição e venda ao público de cozinhas, recusei-me a adaptar à ambígua e desviante disponibilidade de favorecer os pedidos dos potenciais compradores, sobretudo quando esses se apresentavam de maneira absolutamente errada, tanto no método quanto no mérito. Era, e ainda é de fato, um hábito prevalente do consumidor começar a procura da cozinha dos sonhos pela cor ou pela decoração superficial do ambiente. Dar respaldo a esse equívoco, submetendo-se a uma extorsão baseada na falsa afirmação segundo a qual o cliente tem sempre razão, conduziu a totalidade dos produtores de cozinha italianos ao impasse das "cozinhas de paisagem", verdadeiros cartões-postais de uso doméstico, projetadas para satisfazer um consumidor deseducado, que se quis imaginar condenado à estupidez da bruxa ruim da fábula de Branca de Neve, sentado em frente ao espelho, a se perguntar: "espelho da minha cobiça, qual a anta mais bela do rebanho?".

Não tem sido fácil, mas também não impossível, reeducar esse consumidor "desviado". De início, o fizemos contrastá-lo e o contradizemos com gentileza, seguros de ter o apoio fundamental de um produto rico em qualidade construtiva e, sobretudo, de funções de muitas e grandíssimas utilidades, em um trabalho tão repetitivo como aquele de cozinhar.

Perdemos dias e dias explicando a centenas de homens e mulheres que a cozinha certa para eles deveria ser procurada partindo dos seus hábitos, e não de seus gostos ou preferências cromáticas. Insistindo no fato de que é mais importante desenhar um *layout* correspondendo às reais exigências do núcleo familiar do que perder horas e horas discutindo falsas alternativas formais sobre o perfil do puxador ou sobre a espessura da borda de madeira do tampo.

Ajudamos os nossos interlocutores a livrar-se, no transcorrer de um par de reuniões em volta de desenhos e previsões de custos, das fadas morganas dos desejos induzidos, colocando-os em condições de compreender que uma cozinha vale por aquilo que é, e não por aquilo que se parece. Que no máximo fornece o prazer de ser contemplada. Ao assim fazermos, nós mesmos aprendemos a refinar a nossa capacidade de projetar, fornecendo também, juntamente com mercadorias de boa qualidade construtiva, serviços diversos, capazes de adaptar e transferir qualidades às reais necessidades do comprador, nem sempre coincidentes com seus desejos.

Certamente, e por sorte, não fomos só nós que deslocamos o acento para os valores das funções e do projeto, polemizando com os defensores da cozinha bonita, das superfícies brilhantes como espelho, com fios e perspectivas alinhadas e simétricas.

Outros mercadores, nesse como em outros setores, descobriram o prazer de ensinar algo todas as vezes que se vende algo. E por esse prazer de ensinar, correm o risco de presentear informações para quem não lhes compra nada.

Para acelerar e completar as transformações dos consumistas em consumidores, e desses em hedonistas virtuosos, é preciso investir no estudo e na modernização das estruturas distributivas, destinando capitais e criatividade projetiva para adequar e renovar os negócios, não se limitando, porém, a adequar ou renovar os espaços, mas apostando sobretudo na modificação da mentalidade, trabalhando portanto as pessoas, para converter novamente os comerciantes em mercadores. É preciso, além disso, investir na educação dos compradores, utilizando todas as maneiras permitidas e possíveis para ajudá-los a adquirir consciência, competência e independência de juízo e de escolha.

Tive ainda a sensação de interpretar corretamente o papel que atribuem ao mercador, ao explicar a uma bela senhora milanesa de quarenta anos, que entrou na minha loja armada de uma cultura formal resultante de 25 anos e mais de design, o que era o objeto que a encantava. Assim, além de adquirir a perfeita semiesfera de arame que ela já apreciara à primeira vista, à luz do mais rigoroso formalismo protorracionalista, quem sabe absorvido em leituras de Adolf Loos, ou folheando vinte anos de revistas e visitando centenas de lojas e casas de amigos e conhecidos, a senhora veio até nós enriquecida por conhecimentos anteriores úteis de como montar o branco do ovo valendo-se de uma "bastardella", o nome do objeto. Coisas que certamente sua avó conhecia sem ter provavelmente o sentido estético desenvolvido por nossa cliente prototípica.

Hoje, são muitos os sinais que testemunham o quanto agora o produzir pode ser considerado um problema já resolvido *a priori*, mormente em um setor desprovido de uma efetiva proteção "tecnológica", capaz de caracterizar e projetar o produto acabado, como acontece propriamente no setor de móvel e decoração em geral. No entanto, o mesmo não se pode dizer da distribuição.

Mobiliar e vestir são essencialmente funções simbólicas. Nisso, portanto, a forma tem preferência sobre a substância, porque é a forma que manifesta e permite a função desejada, que é sempre função abastardada de necessidades fundamentadas ou de veleidades de representação ou representatividade. Uma vez ajustado um sistema produtivo, capaz de produzir móveis, lâmpadas, tecidos e objetos – tarefa que somente exigindo uma atualização contínua pode ser considerada "historicamente" resolvida –, e estando agora a caminho a adequação necessária das estruturas comerciais e distributivas, falta ainda muito trabalho para fazer com que cada um possa administrar os símbolos que lhe servem para decorar a casa de suas próprias ilusões e com seus próprios desejos, possivelmente ao lado de um projeto de consumo vinculado a um projeto de vida mais amplo.

Um projeto capaz, portanto, de dar espaço aos componentes simbólicos e de representação, sempre fortemente incrustados nos objetos e nas decorações, em particular, sem esquecer que uma cadeira deixa de ser tal se nela não se pode sentar. As funções podem ser integradas em um sistema de julgamento e seleção, e ainda subordinadas a outros elementos mais relevantes, em dado tempo ou local, ou com determinada pessoa, mas não podem ser puladas ou esquecidas como assunto. Em suma, respeito pelo projeto de consumo do hedonista que se encaminha à procura do prazer; simpatia por suas disposições virtuosas que o orientam e o qualificam pelo empenho na procura e a competência no juízo; mas nenhuma concessão a contorções semânticas e comportamentais, e muita atenção à qualidade funcional e de uso de cada elemento individual.

Infelizmente, ao contrário, com frequência se perseguem apenas os próprios sonhos, que movem ilusões, nos fazendo livrar, por exemplo, dos móveis "velhos", ainda que úteis, e sublimar os próprios desejos, de maneira a seguir modelos de vida e decoração que não são outra coisa senão detalhes inúteis de imagens publicitárias, reproduzindo um mundo irreal construído no estúdio do fotógrafo, ou reduzidos a imitações de célebres casas de divas cinematográficas alcoolizadas ou de histéricas multimilionárias divorciadas. Só nos resta esperar que o aprendizado por hábito ajude cada um a encontrar a matriz do próprio gosto, ao redor do qual se construa, com a própria identidade de hedonista virtuoso, um projeto adequado de consumo que, com a ajuda de um autêntico mercador, possa dar uma forma real ao espaço simbólico que cada indivíduo necessita e busca para habitar a própria vida em sua casa. Esse processo auspicioso poderia valer-se com proveito do mecanismo já mencionado que Arnold Gehlen desenvolve como teoria da liberação (*Entlastung*), segundo a qual o homem está perigosamente exposto a um mar de estímulos dos quais se deve liberar. Para fazer isso, o homem deve privilegiar a ação por meio da qual elabora, dentro e fora de si mesmo, a natureza que o circunda, transformando-a. Já observamos que, graças a essa capacidade de transformação, o homem desenvolve sua cultura até torná-la a sua segunda natureza, capaz de substituir aquela hostil e originária que com frequência o circunda.

Agora, a ação é a categoria central desse processo, que vê o homem organizar a "condução da existência" por meio de um severo exercício de "autoatividade". "Com a ação sobre si mesmo, o homem transforma os ônus elementares de que é constituído em *chances* para conservar a própria vida, porque as suas atividades motoras, sensoriais e intelectuais (livres da linguagem) se intensificam e se conservam, até que seja possível uma conduta bem ponderada da ação"[3].

Sob esse ponto de vista, torna-se fundamental e extraordinário o papel exercido pelo *hábito*, uma vez que permite uma função liberadora, graças ao fato de dispensar cada um do esforço de encontrar e remover motivações, exercitar controles, esforçar-se em fazer correções e retificações e efetuar investimentos afetivos contínuos. O comportamento tornado habitual, justamente porque escapa à consciência, se sedimenta e estabiliza, tornando-se isento de críticas e imune a objeções, convertendo-se, assim, em base e pressuposto de um comportamento de grau superior.

> Todas as funções superiores do homem, em qualquer campo da vida intelectual e moral, mas também naquele do refinamento motor e operativo, desenvolvem-se graças ao fato de que a constituição de hábitos estáveis e basilares libera a energia empregada originariamente para as motivações, as tentativas, o controle, liberando-a para exercícios de espécie superior[4].

Antes de tudo, os exercícios criativos de vários gêneros. Os princípios de fundo da teoria da liberação são válidos tanto se aplicados ao homem como simples indivíduo quanto ao homem na condição de protagonista social inserido num grupo. A empresa, enquanto grupo de homens, pode tirar proveito de ações destinadas a desenvolver elevados níveis

3. Arnold Gehlen, *L'Uomo*, Milano: Feltrinelli, 1983.
4. Idem.

de liberação e assim eximir energias e capacidades para destiná-las à invenção e à criatividade, muito frequentemente frustradas pela falta de meios, sendo todos esses absorvidos por deveres produtivos não adequadamente organizados, segundo critérios rigorosos capazes de disciplinar a aprendizagem de maneira a introduzir automatismos liberadores. A teoria da liberação parece sugerir a existência de uma grande reserva de energia muito mais próxima e acessível do que se possa crer, e da qual se separa apenas a ação. Entendendo-se esta como "técnica de conduta de vida", como trabalho, como instrumento principal para estabelecer, antes de mais nada, uma sólida relação com a realidade. É o que sugere Sigmund Freud no trecho em epígrafe deste escrito. E o que almejo, na esperança que se instaure um círculo virtuoso entre o hedonista, o designer, o distribuidor e o produtor, de modo a definir um grande mercado global que se possa imaginar como resultado da absorção de todas as instâncias positivas que por quase cinquenta anos mantiveram longe o risco sempre presente de uma guerra total de destruição.

Um mercado que, tudo somado, permitiu descarregar, por meio de mercadorias, todas as energias negativas e destrutivas sempre latentes no homem, direcionando-as ao pacífico rito do consumidor. Um mercado no qual as mercadorias não parecem nem hostis nem misteriosas, frutos do nosso trabalho alienado a nós mesmos, rejeitadas ideologicamente ou exorcisadas com a ajuda de uma crença ou religião qualquer. Um mercado aberto, entendido como resultado da ação dialética de todos os componentes que o determinam e animam, todos autonomamente portadores de um projeto próprio que no mercado encontra e resolve as possíveis contradições e os eventuais conflitos, interagindo com os projetos dos outros protagonistas, mesmo que antagônicos. Longe de definir o local idílico da paz individual e social, o projeto de consumo se apresenta como o instrumento que atravessa obliquamente a cena, interessando a todos os participantes envolvidos no sempre eterno quanto essencial rito de consumir, que cada dia se celebra nos mercados de todo o mundo.

Aqueles mercados que, todos juntos, definem o grande mercado global e virtuoso.

Aqui termina a edição de 1989, à qual trouxe somente correções ortográficas menores, não alterando o texto. Relendo, dei-me conta de que tem razão Domenico de Masi quando diz que, de vez em quando, relê um velho livro seu e sempre aprende alguma coisa. Eu tive a mesma impressão, no sentido de que, relendo, aprendi alguma coisa de mim mesmo, do meu percurso de vida. Talvez porque termine hoje este trabalho, que é o dia do meu septuagésimo aniversário.

Barcelona, 23 de dezembro de 2009

POSFÁCIO

Talvez seja necessário dizer, antes de tudo, que o ágil livro de Giovanni Cutolo é uma espécie de declaração de direitos. Alguma coisa como um manifesto que não se apoia tanto em uma teoria (de fato, a teoria, para ser tal, não só deve ter validade geral, e Cutolo, por sua vez, faz referência a um setor específico de mercado, mas deve também levar em conta aquilo que torna possível a produção da própria teoria) quanto sobre uma série de débeis sinais que, mesmo débeis, são fortíssimos no sentido que é próprio do sinal débil de advertir a mudança, o que implica uma forte capacidade imaginativa, razão primeira da mudança ocorrida.

A reivindicação de "direitos" nos leva bastante naturalmente ao corpo de considerações e conceituações que caracterizam os trabalhos de Albert O. Hirshmann que, entre outras coisas, aprofundam as áreas de descontentamento do consumidor com respeito à oferta. A liberdade de escolha e a liberdade de agir, não só da parte de quem "oferece", mas principalmente da parte de quem "recebe", e o consequente grau de gratificação moral que de tais atos se obtém, fazem parte da temática ética do economista Hirshmann. Tal pergunta está no centro dos seus interesses de pesquisa sobre o desenvolvimento econômico, assim como se pergunta se o consumidor de um projeto pode e deve ser ator do próprio projeto para evitar fenômenos de alienação e se o desenvolvimento econômico é compatível com essa eventual atitude ativa e projetiva.

De um ponto de vista de marketing, o discurso de Cutolo é extremamente fascinante, justamente porque, com uma escrita fluente e divertida, evidencia uma série de "sinais débeis" que colocam ou podem colocar em discussão a aproximação ao mercado que, tradicionalmente, é típica dos homens de marketing. De fato, ainda hoje um homem de marketing parte da premissa, válida mas um pouco estéril, de que precisa conhecer o consumidor para poder operar. Mas, se o consumidor é, como diz Cutolo e é muito provável que o seja na verdade, a parede, então o homem de marketing continuará a conhecer uma parede e continuará a operar, consequentemente, em termos de pura massificação, em que o consumidor é precisamente objeto e não sujeito. Cutolo diz "não tanto conhecer", mas "provocar", de maneira que a parede cesse de ser tal e se torne uma realidade "ativa", ao invés de "passiva". Essa imaginação, que ainda poderia encontrar-se em estado de fantasia, toma o caminho da percepção de sinais débeis e coloca o homem de marketing tradicional nas condições de ter de passar de um puro conhecedor de fatos "fortes" e inequívocos a leve propositor ou provocador, não devendo basear tanto seu *trend* (tendência) em evidências quanto sobre a própria imaginação (excelente atributo cultural), para registrar necessidades não apuradas, mas nem por isso menos reais, dotando-se assim de mais carga messiânica (haja fé!) do que de carga imperialista (aguenta a dominação!).

Segundo Cutolo, o consumidor-muro parece estar acostumado somente a dar respostas às provocações que recebe, não sendo nunca chamado a representar um papel ativo no projeto dessas provocações, isto é, ser autorreferência, se autocriando a provocação, ele que leva ao paradoxo da provocação que se autoprovoca e, consequentemente, à concessão da oferta não mais existente como provocação. É um tema sobre o qual vale a pena meditar, porque se o consumidor se torna referência para si, isto é, se o consumidor se torna autorreferente (e Cutolo nos diz que devemos operar para que o consumidor assim se torne), tem-se por consequência que o homem de marketing não deveria mais operar sobre aquilo que é material (a necessidade), mas agir sobre aquilo que é imaterial, isto é, sobre o desenvolvimento de uma autoconsciência que se torna critério de escolha (o "belo", o "feio", o "bom", o "ruim" não seriam mais padrões heterodirigidos, isto é, modelos para se atingir, mas valores). É uma hipótese. A questão é se isso é possível, não tanto em termos de imaginação quanto em termos lógicos e ontológicos. Por essa razão, no início falamos de "manifesto" (proletários de todo o mundo, uni-vos!), mas aquele "manifesto" era o resultado de uma teoria. Aqui, em Cutolo, não há teoria ou, pelo menos, não há ainda. Talvez valha a pena começar a construí-la, colocando também o problema dos efeitos que uma eventual teoria teria sobre os modelos de comportamento econômico, de análise de relação entre procura e oferta, com o fim de se compreender se estão em condições de projetar luzes sobre zonas escuras. Alguns temas para se aprofundar poderiam fazer referência aos problemas de desenvolvimento, para ver até que ponto a inovação (elemento de desenvolvimento) pode ser mantida como tal, quando então quem usufrui é aquele que a pensou e projetou, isto é, o consumidor. Como seria, no entanto, interessante entender se o desenvolvimento, fruto de uma dialética, pode continuar, quando um dos polos dessa dialética é extraído do seu papel de "respondente" e encarregado do papel de gerador da proposta (projeto), anulando assim a própria dialética ou, quem sabe, levando-a a um nível diferente de abstração, do qual seria interessante individualizar a natureza.

Giancarlo Origgi
Milão, julho de 1989

Este livro foi impresso em Cotia,
nas oficinas da Meta Brasil,
para a Editora Perspectiva.